UNA MIRADA QUE TRANSFORMA

Itinerarios bíblicos

Francesco Cocco

UNA MIRADA QUE TRANSFORMA

Itinerarios bíblicos

DESCLÉE DE BROUWER
BILBAO

Henao, 6 – 48009 Bilbao
www.edesclee.com
info@edesclee.com

Impreso en España – Printed in Spain
ISBN: 978-84-330-3289-8
Depósito Legal: BI-1708-2024
Impresión: Grafo S. A. - Basauri

ÍNDICE

Introducción 9

Primera Parte:
Y vio Dios que era bueno.
Una mirada que crea y hace nuevas todas las cosas
(Antiguo Testamento)

I. La mirada de Dios ilumina la creación
(Gn 1-3) 15

II. La mirada de Dios en la vida de Oseas
(Os 1-3). 31

III. La mirada de Dios en la vida de Jeremías
(Jer 20,7-18) 49

IV. La mirada de Dios en la vida de Jonás
(Jon 3-4) 61

Segunda Parte:
La sonrisa de Dios en los ojos de Jesús
(Nuevo Testamento)

V. Las miradas que cambiaron la vida de Pedro
(Jn 1,35-42; Lc 22,54-62) 73

VI. La mirada que no cambió la vida del "Joven rico" (Mc 10,17-27) 81

VII. La mirada de Jesús sobre el padre del niño epiléptico (Mc 9,14-27) 89

VIII. La mirada que cambió la vida de la adúltera (Jn 8,1-11) 97

IX. La mirada transformadora de la hemorroisa y la hija de Jairo (Mc 5,21-43) 103

X. La mirada que cambió la vida de María Magdalena (Jn 20,1-18) 113

Conclusión 123

INTRODUCCIÓN

Me has robado el corazón,
hermana mía, esposa;
me has robado el corazón
con una sola mirada tuya
(Ct 4,9)

Cuando tú me mirabas,
tu gracia en mí tus ojos imprimían;
por eso me adamabas,
y en eso merecían
los míos adorar lo que en ti vían
(Juan de la Cruz, *Cántico espiritual*, 23)

Hay pocas cosas en la vida que pueden llegar a ser tan transformadoras, profundas y penetrantes como la mirada de un ser amado. En el brillo de sus ojos, encontramos un universo de emociones y pensamientos que nos impulsan a explorar más allá de lo superficial.

La mirada del ser querido, cargada como es de afecto y comprensión, tiene el poder de cambiar nuestra percepción del mundo. Nos hace sentir vistos y comprendidos en nuestra esencia más pura, generando una conexión que trasciende las palabras. Cada vez que nos sumergimos en esos ojos, es como si descubriéramos una nueva faceta de nuestra propia alma, reflejada en la profundidad de su mirar. La mirada de un ser amado es un recordatorio constante de que no estamos solos en este viaje llamado vida; es una fuente de fuerza y consuelo, un faro que ilumina los rincones más oscuros de nuestro ser, transformándonos en personas más completas y auténticas.

En el corazón palpitante de la historia humana hay un hilo de oro que atraviesa los siglos, una preciosa trama tejida por la mirada de Dios; una mirada que crea, llama, redime. Este libro se abre como una ventana a lo eterno y trascendente, invitando al lector a contemplar el poder y la profundidad de esta mirada divina que reverbera en las Sagradas Escrituras, transformando todo lo que encuentra a su paso. Las páginas que siguen pretenden ofrecer al lector una peregrinación ideal a través de las narraciones bíblicas, un viaje que sigue la mirada de Dios como una estrella guía, iluminando las profundidades del alma y del cosmos.

En la primera parte de nuestro viaje nos adentraremos en la escucha y la contemplación de los relatos del Antiguo Testamento. Aquí la mirada de Dios no es sólo un acto de visión, sino un poderoso acto creativo, una fuerza que ordena, separa y define, transformando el vacío en plenitud, el silencio en canto, la soledad en comunión. Cada historia, desde las de la creación recogidas en el libro del Génesis hasta las vidas de profetas como Oseas, Jeremías y Jonás, es un tejido de acontecimientos y palabras que nos habla de un Dios que no se limita a observar desde arriba, sino que entra en diálogo con su creación. Un Dios que ve y reconoce, que siente el dolor y la alegría, que castiga y perdona.

Continuando nuestro viaje, la segunda parte nos llevará al corazón del Nuevo Testamento, donde la mirada de Dios se encarna en los ojos de Jesús de Nazaret. En esta sección nos enfrentaremos al misterio de la Encarnación, con un Dios que elige mirar el mundo con ojos humanos; tocar la tierra con manos humanas; llorar, reír, sufrir y alegrarse con un corazón humano. Las historias de Pedro, del joven rico, el niño epiléptico, la adúltera, la hemorroísa y la hija de Jairo, así como la de María Magdalena, son piezas de un mosaico que revelan el misterio del encuentro entre la mirada de Dios reflejada en los ojos de Jesús y el corazón del hombre.

Todas son historias de miradas que se cruzan y de vidas que cambian misteriosamente de rumbo. En estos encuentros, la mirada de Jesús se revela como un espejo en el que se refleja el amor incondicional de Dios: una mirada que invita a la conversión y que interpela, eleva y sana.

A través de las páginas bíblicas, el lector es invitado a contemplar incluso su propia realidad con ojos nuevos, a redescubrir la sacralidad de la existencia reconociendo la mirada de Dios que busca, ve y ama al hombre en cada fragmento de la creación. Es una invitación a dejar que esta mirada penetre en lo más profundo y transforme a los que la acogen, de espectadores pasivos, en participantes activos en un diálogo eterno con lo divino. En este diálogo se participa no sólo con la mente, sino con todo el ser, con la capacidad de amar y esperar, de sufrir y alegrarse.

El anhelo es que, a través de la lectura de este libro, cada uno pueda encontrar la fuerza para mirar dentro y más allá de uno mismo, viendo el mundo y la vida a través de la mirada de Dios. Una mirada que nunca descansa, que siempre está buscando y siempre está esperando; una mirada siempre dispuesta a transformar la realidad en una manifestación del amor infinito de Dios.

En esta mirada, en este encuentro eterno y amoroso, el hombre puede encontrar verdaderamente la auténtica esencia de su existencia y el sentido último de su constante búsqueda. Como lo decía san Agustín: *Nos hiciste, Señor, para ti y nuestro corazón está inquieto hasta que descanse en ti*.

¡Buen viaje!

Primera Parte

Y vio Dios que era bueno.
Una mirada que crea y hace nuevas todas las cosas

(Antiguo Testamento)

I

LA MIRADA DE DIOS ILUMINA LA CREACIÓN
(Gn 1-3)

Al introducir el comentario del pasaje bíblico que abre nuestro camino de reflexión sobre la mirada de Dios en la vida del hombre, quisiera partir de una afirmación que considero fundamental para comprender bien el mensaje que se esconde tras las líneas del texto bíblico que vamos a explorar. Si quisiéramos atrevernos a describir la esencia del hombre, podríamos afirmar simplemente que *el hombre es relación*, en el sentido de que es un ser intrínsecamente relacional, una criatura llamada de forma constitutiva a abrirse a la alteridad.

Esta verdad hunde sus raíces en otra realidad fundamental relacionada con ella, a saber, el hecho de que *Dios es relación* y, como tal, quiso y quiere revelarse al hombre. Los tres personajes del famoso y bello icono de la Trinidad de Rublev recuerdan plásticamente –y, al mismo tiempo, aluden místicamente– a la relación y comunión que une a las tres personas de la Trinidad: el Padre, el Hijo y el Espíritu Santo. Esa relación perfecta y misteriosa que estaba en Dios desde el principio, Dios mismo quiso transmitirla al hombre, llamándolo a la existencia y haciendo de él un *tú* con el que relacionarse. Esta es la razón por la que, al iniciar nuestro itinerario ideal, me propongo partir de las primeras páginas de la Biblia, tratando de leer su contenido en clave relacional. Así podremos ver cómo la idea de *alteridad* – es decir, la idea de un *tú* que no se opone, sino que se refleja y se relaciona con un *yo* – no es simplemente reducible a una de las muchas características de la relación entre Dios y el hombre: más bien, resulta ser su característica fundamental.

El primer relato de la creación

Empecemos, pues, por el principio de esta historia. Hasta el lector bíblico menos preparado sabe perfectamente que los dos primeros capítulos del libro del Génesis presentan dos relatos de la creación. No es infrecuente que ante este fenómeno uno se pregunte: ¿cómo es posible que coexistan en un mismo libro (e incluso sin solución de continuidad entre ellos) dos relatos tan similares? ¿Qué necesidad había de escribir más o menos lo mismo dos veces? En realidad, como revela una lectura un poco más atenta, no se trata de una mera repetición, sino más bien de dos visiones distintas del mismo acontecimiento, dos declinaciones distintas de la misma reflexión que el hombre hace sobre un hecho dado, a saber: que al principio de todo hay una voluntad de amor por parte de Dios, una voluntad de encuentro.

A lo largo de los siglos, muchos teólogos se han preguntado si era necesario o no que Dios creara a alguien a quien amar. Sin entrar en el fondo de estas reflexiones que, aunque importantes, van más allá de nuestra intención principal de profundizar en el mensaje del texto, leyendo las primeras páginas de la Biblia podríamos afirmar con certeza que Dios –sin renunciar a su perfección y omnipotencia– decide crear al hombre para tener un *tú* con quien relacionarse. Él, que en la Trinidad es la plenitud de la relación, decide transmitir, transferir esta relación también al hombre. Y por eso las dos primeras páginas del Génesis (Gn 1-2) nos ofrecen dos visiones que representan dos resonancias distintas del mismo acontecimiento, es decir, del hecho de que Dios quiso comunicarse a sí mismo, compartiendo con el hombre el amor que conforma toda relación.

El primer relato de la creación (Gn 1,1-2,4a) está contenido en una narración muy ordenada, articulada y pautada en siete días durante los cuales Dios, con su obra creadora, prepara las condiciones para la vida en la tierra (Gn 1,2-19) y luego comienza a situar en ella a los seres vivos (Gn 1,20-31). Varios rasgos estilísticos llevan al lector a captar plenamente el mensaje contenido en el texto: me refiero en primer lugar a tres series de estribillos, que recorren el pasaje dando una notable armonía a la organización del conjunto.

El primer estribillo es evidente en lo que podemos definir como la escansión temporal del pasaje: la estructura fundamental viene dada por la semana, ya que Dios crea el universo en seis días y cesa su obra creadora en el séptimo. El ritmo de esta obra creadora está modulado por la repetición de la frase: *Pasó una tarde, pasó una mañana: el día …*, que viene a sellar cada una de las etapas de la creación (cf. Gn 1,5.8.13.19.23.31).

De nuevo, un estribillo aparece siete veces en nuestro texto: *Y vio Dios que era bueno* (cf. Gn 1,4.10.12.18.21.25.31). También hay un tercer elemento que se repite siete veces: *y así fue* (cf. Gn 1,3 [aunque con una ligera variante: *y la luz existió*] 1,7.8.11.15.24.30).

Este elemento repetido va como pautando el primer relato de la creación: es la mirada positiva de Dios sobre la obra que brota de sus manos, condensada en el adjetivo "bueno" (*tōb*) que Dios mismo aplica a cada uno de los pasajes fundamentales de la creación. Vuelve idénticamente en Gn 1,4.10.12.18.21.25, mientras que en el v. 31 aparece reforzado por la adición del superlativo (… *y era muy bueno, tōb m*^{e}*'ōd*), para saludar en la creación del hombre la culminación y conclusión de toda la creación. Esta última y solemne recurrencia parece indicar la idea de lo perfectamente realizado: de hecho, no se trata tanto de un juicio estético como de un reconocimiento por parte de Dios de que lo creado corresponde plenamente a su intención.

Hay otro elemento fundamental a tener en cuenta: en la creación que brota directamente de la voluntad divina, no hay rastro de mal, porque todo lo que tiene su origen en Dios es totalmente bueno. El mal, como veremos, conocerá otros orígenes.

Como ya hemos mencionado, en la culminación de la obra de Dios se produce la creación del hombre, registrada con solemne sencillez en Gn 1,26-28:

> [26]*Dios dijo: "Hagamos al hombre a nuestra imagen, según nuestra semejanza; domine sobre los peces del mar y sobre las aves del cielo, sobre el ganado, sobre todos los animales salvajes y sobre todos los reptiles que se arrastran sobre la tierra".* [27]*Y creó Dios al hombre a su imagen, a imagen de Dios lo creó, varón y mujer los creó.* [28]*Dios los bendijo; y les dijo Dios: "Sed fecundos y multiplicaos, llenad la tierra y sometedla, dominad los peces del mar, las aves del cielo y a todo ser viviente que se mueve sobre la tierra".*

La introducción del v. 26 señala, mediante el uso de un plural (*hagamos*), que se define como deliberativo por cuanto manifiesta una decisión solemne por parte de Dios, la llegada del momento culminante de la obra creadora. La altura del momento, que tiene el sabor de la culminación y perfección de lo descrito hasta ahora, se matiza aún más por la triple y enfática recurrencia del verbo principal de la creación (*bara'*) en el v. 27. Dos aspectos interrelacionados de la creación del ser humano merecen especial atención: el primero es el hecho de que el hombre es creado a imagen (*tsélem*) y semejanza (*d^{e}mut*) de Dios; el segundo resulta del hecho de que el hombre recibe de Dios el dominio sobre todos los demás seres vivos.

En cuanto a la creación del hombre a imagen y semejanza de Dios, los exégetas han dado varias explicaciones. Para algunos, el texto pretende expresar la idea de un parecido físico o espiritual entre Dios y el hombre; para otros, la de una relación privilegiada entre ambos; para otros, la expresión representa un intento de democratización de la ideología real presente en Mesopotamia y Egipto, según la cual sólo el rey era considerado una auténtica imagen de la divinidad.

Con toda probabilidad, este pasaje del texto contiene fundamentalmente una polémica anti idolátrica y representa un elemento muy importante para comprender mejor la prohibición bíblica de fabricar imágenes de la divinidad contenida en los códigos legales de la Biblia. Aunque la formulación de este precepto es a todas luces negativa[1], puede releerse en positivo sobre la base de Gn 1,26-27. Semejante reformulación de la prohibición de fabricar imágenes divinas podría reformularse de esta manera: No necesitas construir ningún ídolo o imagen, pues si quieres ver una imagen de Dios, te basta con sumergirte en el misterio del otro, de tu semejante, porque fue creado a imagen y semejanza de Dios. Como si se dijera: ¿quieres ver a Dios? Contempla a tu prójimo, porque en toda su complejidad, en toda su riqueza, lleva una imagen de Dios que podríamos llamar DOC, con denominación de origen, porque Dios mismo es su autor.

Detengámonos un poquito más en este pasaje del texto, para enfocar mejor nuestra comprensión de la expresión imagen y semejanza (*tsélem ûd^{e}mût*), muy pertinente para entender la dignidad del hombre y la altura de las responsabilidades que se le asignan en relación con las demás criaturas. El primer término, *tsélem* (imagen), indica principalmente la idea de una reproducción, de hacer una copia concreta del original. El segundo, *d^{e}mût* (semejanza), en cambio, indica algo abstracto: apariencia, similitud, correspondencia. Los dos términos expresan, aclarándose mutuamente, la idea de que la imagen de Dios representada por el hombre no termina siendo una copia idéntica (que de otro modo convertiría al hombre en otra divinidad), sino una llamada a corresponder al original. Lo cual no se refiere a algún aspecto particular del hombre (por ejemplo, su racionalidad), sino más bien al conjunto de todas sus dimensiones.

El v. 26 no se detiene a precisar más el contenido de esta afirmación (es decir, la creación del hombre a imagen y semejanza divina), sino que pasa inmediatamente a ilustrar la finalidad que Dios quiere imprimir a esta creación particular, a saber: el dominio

1. Se trata propiamente de una prohibición. En efecto, la letra de Dt 5,8 sanciona: *No te fabricarás ídolos, ni figura alguna de lo que hay arriba en el cielo, abajo en la tierra o en el agua debajo de la tierra.*

sobre el mundo, en particular sobre el reino animal. Al combinar don y responsabilidad, el hombre se configura como una especie de lugarteniente de Dios en medio de la creación, signo concreto de la soberanía divina sobre ella. Una soberanía que el hombre no puede ejercer indiscriminada y arbitrariamente, sino que debe reflejar el orden y la armonía queridos por Dios e impresos por Él en toda la creación.

Además, la afirmación de la imagen y semejanza de Dios expresa la convicción de que el género humano es sustancialmente diferente de todos los seres vivos que pueblan el universo. Mientras que las plantas y los animales son creados *según su especie* (vv. 12.21.24-25), no ocurre lo mismo con el hombre: ¿por qué? Porque del hombre sólo hay una especie, ya que cada hombre lleva en sí mismo la imagen y semejanza de Dios. Por tanto, el hombre no encuentra su referencia en sí mismo, en su especie, sino en Dios, y se remite a Dios.

* * *

Después de profundizar en algunos de los aspectos más importantes del primer relato de la creación, quizá nos resulte más claro en qué términos esta primera página de la Biblia nos habla de la obra divina, describiéndola como destinada a crear las condiciones para una serie de relaciones: la primera y fundamental, que une Dios al hombre; la que une el hombre y la mujer; la que existe entre el hombre y el resto de la creación. Del texto se desprende claramente que la presencia de la *alteridad* en la vida del hombre no es algo accidental o incidental, sino algo sustancial, fundamental. En resumen, podríamos decir que el otro me es necesario.

Hemos visto, además, que la obra que Dios va desplegando manifiesta una creación ordenada, en la que todo está dispuesto para que Dios pueda crear al ser humano y crearlo a su propia imagen y semejanza. El texto subraya también: *Varón y mujer los creó*, introduciendo con sencillez –pero no menos incisivamente– el tema de la alteridad manifestada por la diferenciación de género. Ahondando en este concepto y recopilando los datos que hemos adquirido hasta aquí con nuestra interpretación, podríamos afirmar que lo que lleva en sí la imagen y semejanza de Dios no es un ser humano solo, considerado en su individualidad: más bien, es la pareja humana la que lleva en sí misma la imagen y semejanza de Dios, puesto que refleja esa característica sumamente divina que es la capacidad relacional. Este concepto nos ayuda a pasar al segundo relato de la creación, para permitirnos comprender aún mejor la importancia de la relación como figura interpretativa de la revelación de Dios al hombre.

El segundo relato de la creación

Si se comparan los dos relatos de la creación, se observa inmediatamente que, mientras el primero representa una construcción muy armoniosa de una teología muy profunda, el segundo (Gn 2,4b-24) tiene un sabor –si se me permite el término– mucho más casero. Por ejemplo, la imagen de Dios que emerge no es tan trascendente como en el primer relato: el del segundo relato es un Dios que, literalmente, se ensucia las manos para moldear al hombre; es un Dios que no parece ser tan perfecto en su forma de proceder, ya que en el v. 18 afirma: *No es bueno que el hombre esté solo: quiero darle la ayuda que le corresponde*.

La idea que se desprende de tal expresión es que hasta ese momento Dios había hecho algo que no estaba totalmente completo, como se recaba del texto hebreo: en efecto, la negación *lo'* se yuxtapone sorprendentemente al adjetivo *tôb,* que, como hemos señalado repetidamente, había marcado positivamente la perfección progresiva de la obra de Dios. El primer relato de la creación presenta la perfección de la obra creadora de Dios y todo se coloca bajo el signo de la bondad; cada día termina con esta afirmación: *y vio Dios que era cosa buena,* hasta la creación del hombre en la que Dios dice *y vio Dios que era cosa muy buena*. En cambio, el segundo tiene el perfume de la humanidad: presenta, de hecho, a un Dios que en un momento dado se da cuenta de que en el cuadro que está pintando hay que retocar algo.

Quiero darle una ayuda que le corresponda, dice la segunda parte del v. 18. Dios no pretende crear un ser que sea simplemente semejante al hombre, porque lo que es semejante no corresponde exactamente al otro: aquí, en cambio, se trata de correspondencia exacta, de complementariedad. El texto quiere decirnos que la ayuda que Dios quiere dar al hombre no es algo de lo que el hombre mismo pueda prescindir, pues habla de algo correspondiente, sin lo cual no hay plenitud, totalidad.

Incluso la palabra "ayuda" es cualquier cosa menos casual o trivial: es una palabra que recuerda una necesidad, que se utiliza cuando se quiere expresar la necesidad de pedir ayuda. Si tomamos el libro de los Salmos, nos damos cuenta de que la palabra ayuda (*ézer* en hebreo) se utiliza a menudo para calificar la obra de Dios con su pueblo. Así reza el orante del Salmo 121: *Alzaré mis ojos a los montes, ¿de dónde viene mi socorro? Mi socorro viene del Señor, que hizo el cielo y la tierra* (Sl 121,1-2). Para referir a Dios, el salmista recurre a esta característica de la ayuda, y es hermoso ver que, en las primeras páginas de la creación, esta misma palabra se usa para definir a la mujer en relación con el hombre, subrayando el hecho de que la mujer no es algo accesorio, que puede estar o no estar, sino que es sustancial para componer esa unidad a la que el hombre está llamado por naturaleza: precisamente porque, como decíamos al principio, el hombre está intrínsecamente, sustancialmente llamado a la relación.

El hombre no existe solo: éste parece ser el mensaje fuerte de las primeras páginas del Génesis. Y qué hermoso es pensar que, para indicar esta verdad, la Palabra de Dios utiliza la relación que es el fundamento de la vida misma, es decir, la relación entre un hombre y una mujer. Una relación que habla de plenitud, de fecundidad, de bendición; que habla de reciprocidad plena y absoluta. ¡Qué hermoso es pensar que la relación de amor que une a las tres personas de la Trinidad es declinada por Dios en la creación a través de la relación entre un hombre y una mujer!

Es una página maravillosa, profundamente humana: en efecto, casi parece que el texto nos presenta a Dios procediendo un poco por tanteo en busca de una ayuda que corresponda exactamente al hombre, presentándole todas las criaturas animales que había creado hasta entonces (vv. 19-20). *Pero para el hombre no encuentro ninguna ayuda que le corresponda*. Es como decir que, por muchos cachorros que se compren, por muchos peces de colores que se tengan en el acuario –pero lo mismo podría decirse de las relaciones virtuales a las que parece tan aficionada la sociedad contemporánea–, nunca habrá una ayuda que corresponda a la relación real, que aquí se encarna y representa en la relación entre el hombre y la mujer. Y es precioso ver la complacencia de Adán ante el don de Dios:

> [23]*Entonces el hombre dijo: "Esta vez es hueso de mis huesos y carne de mi carne. Se llamará mujer, porque procede del hombre".*

En este caso, la traducción no ayuda a interpretar el juego de palabras que hay detrás en hebreo. Sabemos que en hebreo al hombre se le llama *ish* y a la mujer *ishah*: ¡la raíz es la misma! *Se llamará ishah porque ha sido extraída de ish*. Para entender la fuerza del juego de palabras, es como si dijéramos: *Se llamará varona porque ha sido extraída del varón*. Se trata, pues, de dos criaturas cuyos nombres (el nombre en la Biblia es sustancial porque dice la naturaleza, la realidad de la persona, no es una etiqueta) tienen la misma raíz, están uno profundamente relacionado con el otro.

Las primeras páginas de la Biblia nos presentan una situación en la que el otro es verdaderamente un don que necesito, que me corresponde, que preciso para avanzar. Todo ello se presenta bajo la figura de la bondad, de la positividad absoluta. A propósito de la complementariedad entre hombre y mujer, me gusta recordar un dicho judío que comenta en estos términos el hecho de la creación de la mujer a partir de la costilla de Adán:

> *La mujer salió de la costilla del hombre,*
> *no de los pies porque tenía que ser golpeada,*
> *ni de la cabeza para ser superior,*
> *sino del costado para ser igual...*
> *Un poco más abajo del brazo para ser protegida*
> *y del lado del corazón para ser amada.*

Se trata de una imagen que reproduce una concepción de la relación entre los géneros de absoluta modernidad, chocante sobre todo para una mentalidad como la semítica de la época, en la que la mujer no era más que una propiedad del marido. En el mundo antiguo en general y en el semítico en particular, a la mujer se la compraba, ¡se la pagaba! Sin embargo, en el texto de Gn 2, la mujer se presenta como igual al hombre.

* * *

Los dos relatos de la creación del mundo, ya lo hemos dicho, se sitúan bajo un signo absoluto de positividad, reverberan una luz casi deslumbrante. La tercera página de la Biblia nos presenta otra realidad no menos verdadera, no menos presente, con la que todos nos enfrentamos a diario. Hay que decir de entrada que no es la del pecado original como tal, porque no era una noción presente en el mundo bíblico: no hay idea de "pecado original" en el AT. Existe más bien la idea de una caída, de una ruptura de la armonía perfecta que contemplamos en los dos primeros capítulos.

Vayamos a Gn 3,8, que nos hace ver cómo esa perfección, esa armonía relacional que une a Dios con el hombre, al hombre con su semejante (es decir, la mujer) y al hombre con la creación se ve irremediablemente alterada.

> [8]*Oyeron el ruido de los pasos del Señor Dios caminando por el jardín en la brisa del día...*

La descripción del escenario en el que se desarrollan los acontecimientos recuerda estilísticamente al escenario descrito en el capítulo 2: de hecho, Gn 2 y Gn 3 van juntos, son como dos paneles de un mismo cuadro. Aquí Dios vuelve a ser presentado antropomórficamente, como un hombre que se pasea por el jardín a la brisa del día.

> *... y el hombre y su mujer se escondieron de la presencia del Señor Dios en medio de los árboles del jardín.*

¿Por qué siente el hombre la necesidad de esconderse, si hasta entonces todas las relaciones habían estado marcadas por la armonía más absoluta y la sinceridad incondicional? Y si el capítulo 2 había concluido diciendo que los dos estaban desnudos y no sentían vergüenza, ¿por qué tienen ahora que taparse y esconderse entre los árboles?

9Pero el Señor Dios llamó al hombre y le dijo: "¿Dónde estás?".

¿A qué viene esta pregunta a Dios? Las preguntas suelen ser de dos tipos: o bien están motivadas por la necesidad de aumentar los conocimientos sobre un tema concreto; o bien son preguntas de otro tipo, que pueden ser retóricas y que, generalmente, pretenden inducir en la persona que las recibe algún movimiento interior, algún cambio. La pregunta que Dios hace al hombre es precisamente de este último tipo; no responde a la necesidad de saber dónde estaba Adán, sino que sirve para hacerle entrar en razón, para hacerle comprender dónde se ha metido. Ha ido a esconderse entre los árboles: es decir, se ha unido al mundo de la serpiente, adhiriéndose a una lógica perversa y equivocada. El ser humano opta por abandonar la luz en la que Dios lo había colocado para esconderse entre las tinieblas de los árboles, estableciendo un fuerte contacto con el mundo instintivo, con el mundo de la naturaleza, un mundo salvaje. Es optar por el mundo de la impulsividad en lugar del conocimiento mediado por la racionalidad, por un camino de lenta adquisición. El ser humano pretende asir un fruto que Dios no le ha prohibido definitivamente: más bien, Dios ha sometido la consecución del fruto del conocimiento a un proceso de naturaleza distinta a la meramente instintiva. El hombre, en cambio, pretende alcanzarlo por sus propios medios y he aquí la conclusión: la ruptura de su relación con Dios. Y, en efecto, la respuesta del hombre a Dios que le interpela es profundamente sincera:

10Oí tu voz en el jardín: tuve miedo, porque estoy desnudo, y me escondí.

Desde el punto de vista literario, hay una distancia de sólo 7 versículos entre estas palabras y el relato de la creación del ser humano. Sin embargo, se abre un abismo entre el final del capítulo 2, donde todo es armonía, todo está ordenado. Allí hay paz, relaciones abiertas, inmediatas, positivas, espontáneas; aquí, en cambio, todo está en crisis. ¿Y cuál es el signo definitivo de crisis en una relación? El miedo, el temor. Cuando tengo miedo de una persona, se establece un muro infranqueable entre esa persona y yo; no hay relación posible, porque el miedo es como un veneno que enturbia el agua. La primera consecuencia de esa desobediencia y de esa caída, de la voluntad del hombre de seguir un camino que no es el que Dios le ha marcado, es la ruptura de la relación fundamental, que es la relación con Dios, el Otro con mayúscula. Pero vemos que la ruptura no afecta sólo a la relación con Dios, ya que esa misma desobediencia tiene consecuencias en cascada:

> *11Y prosiguió: "¿Quién os ha hecho saber que estáis desnudos? ¿Has comido del árbol del que te mandé no comer?".*
> *12El hombre respondió: "La mujer que pusiste a mi lado...".*

El hombre acababa de entonar el hermoso canto de alabanza a la mujer, del que hablábamos antes (cf. Gn 2,23), y ahora la abandona de inmediato, entre otras cosas insinuando que la responsabilidad última de todo lo ocurrido recae en Dios, que fue quien puso a la mujer a su lado. Las consecuencias de la caída son una verdadera catástrofe en cascada: tras romperse la relación vertical Dios-hombre, se destruye inmediatamente la relación horizontal, es decir, la relación hombre-mujer. Y no sólo eso:

> *13El Señor Dios dijo a la mujer: "¿Qué has hecho?". La mujer respondió: "La serpiente me engañó y comí...".*

También se destruye la relación con la creación, representada en su totalidad por la figura de la serpiente, que –aunque con toda su ambigüedad– personaliza el mundo animal.

Una lectura atenta de estos relatos revela que el otro es ciertamente un don que Dios concede; pero también representa una responsabilidad muy grande. Estas páginas son reflexiones humanas sobre realidades que pertenecen a la vida humana, y son difíciles de explicar; reflexiones que algunos hombres han intentado transcribir en palabras humanas, en mi opinión de forma ingeniosa. Estas páginas nos transmiten una poderosa verdad, a saber, que el otro es un don que viene de Dios; un don que hay que custodiar y, por lo tanto, supone una gran responsabilidad. Todas las relaciones –la relación original y originaria con Dios, la relación con el otro, la relación con la naturaleza– no son algo que se nos dé para que hagamos con ello lo que queramos; más bien, son un don que suscita un compromiso.

Todo esto está inscrito en la condición original del ser humano. Es decir que se trata de algo ancestral, que llevamos dentro desde nuestros orígenes, que forma parte de nosotros desde el momento en que nacemos y que nos acompaña hasta el final. En el otro veo lo que Dios me quiere decir, veo el mensaje que Dios me ha dado; pero tengo que guardar mi relación con el otro, como tengo que guardar mi relación con Dios y con el resto de las criaturas, con todo el resto de la creación.

Quiero concluir este primer paso en el descubrimiento de la mirada de Dios sobre la vida del hombre recordando un concepto que hemos expresado desde el principio. Dios creó al hombre como un ser constitutivamente relacional, como se refleja en sus palabras: “No es bueno que el hombre esté solo”. Dentro del camino marcado por los textos bíblicos, hemos podido centrarnos en cuáles son las relaciones básicas del ser humano, que podemos rastrear en dos dimensiones fundamentales: una vertical, que une el hombre a Dios; una horizontal, que le une a sus semejantes y al resto de la creación. Sin embargo, no podemos pasar por alto otra dimensión de la relación que, en cierto modo, es el presupuesto de las otras dos, a saber: la relación del ser humano consigo mismo. Si falta una relación equilibrada con uno mismo, todas las demás relaciones se distorsionan inevitablemente: si uno no es capaz de relacionarse consigo mismo, se relaciona mal con los demás y con Dios. No en vano Jesús, retomando la antigua ley, dijo que hay que amar a Dios y amar al prójimo *como a uno mismo* (cf. Mc 12,31). No se trata de una invitación al egoísmo, sino una consideración de la más fina sabiduría, pues la relación primera y constitutiva es la que se tiene con uno mismo. Si uno no se conoce a sí mismo y no sabe lo que lleva dentro, reproducirá esta confusión también en su relación con los demás.

* * *

Habiendo llegado al final de nuestro viaje ideal dentro de las primeras páginas de la Biblia, nos encontramos inmersos en la contemplación de un universo que, en su esencia más profunda, es relación y diálogo. El relato del Génesis, con sus dos visiones distintas pero armoniosas de la creación, no se limita a describir el origen del mundo, sino que nos revela a un Dios que es relación y que anhela comulgar con su creación. La creación no se presenta como un acto de pura omnipotencia divina, sino como un acto de amor, un gesto generador que invita a la existencia y llama a cada criatura a participar en la vida divina.

La narración bíblica nos muestra a un Dios que, en su acción, no es solitario sino comunitario; un Dios que es Trinidad y que, en su esencia, es don, intercambio, amor mutuo. En el acto de la creación, Dios no sólo otorga la existencia, sino que se da a sí mismo, se comunica, se hace presente en cada fibra de la creación. El hombre y la mujer, creados a imagen y semejanza de Dios, son el vértice de este acto creador, llamados a vivir su humanidad como lugar de encuentro, de relación, de reverberación de lo divino. En ellos se manifiesta la posibilidad de una relación que es a la vez don y responsabilidad, una relación llamada a crecer, a madurar, a convertirse en imagen cada vez más fiel del amor que hay en Dios.

La conclusión de este viaje a los orígenes del mundo y de la humanidad nos deja la certeza de que todo acto de creación es un acto de esperanza, una semilla sembrada en el suelo de la historia a la espera de germinar. La creación, con su bondad y belleza intrínsecas, es una invitación perpetua a buscar a Dios, a reconocerlo en los demás, a vivir nuestra vida como respuesta al amor creador. Aceptando la invitación de la Palabra de Dios, estamos llamados a redescubrir nuestra vocación original: ser imagen de Dios no sólo en nuestra singularidad, sino en nuestra capacidad de entrar en relación, de tender puentes, de tejer lazos, de amar. Y en este devenir incesante, en esta búsqueda continua de la armonía con la creación y con el Creador, reside la verdadera esencia de nuestra humanidad, imagen viva de la mirada de Dios que ilumina la creación.

II

LA MIRADA DE DIOS EN LA VIDA DE OSEAS

(Os 1-3)

En esta segunda etapa de nuestro itinerario ideal, nos introducimos en la contemplación de la mirada de Dios sobre la vida humana interrogando la experiencia de los profetas. Antes de adentrarnos en la lectura de los textos, merece la pena decir unas palabras sobre estas figuras, tan importantes en la economía de la revelación bíblica, aunque no siempre interpretadas de forma correcta.

En primer lugar, convendría despejar el campo de ciertos prejuicios: los profetas bíblicos no son reducibles a adivinos, a personas capaces de adivinar el futuro por su propio conocimiento o recurriendo a alguna técnica aruspicina. Son más bien intérpretes de la realidad en la que viven: podríamos decir que son personas capaces de discernimiento, es decir, personas que tienen el don de saber leer los signos de los tiempos e interpretarlos para el pueblo al que son enviados.

Ciñéndonos al significado etimológico de la palabra griega *prophetés*, los profetas son aquellos que hablan en nombre de Dios, que proclaman su palabra y transmiten su mensaje. Lo primero que se desprende, pues, es el carácter instrumental de su función: en otras palabras, dentro de la historia de la salvación, los profetas no desempeñan un papel protagonista, sino que sus palabras y sus actos son únicamente funcionales al mensaje que están llamados a transmitir. En el centro está, por tanto, la comunicación profética, no el comunicador: esto es muy importante, sobre todo en el caso de las acciones simbólicas realizadas por los profetas, que de hecho los ven como protagonistas en la escena y pueden llevar al lector a malinterpretar su función. El profeta es un hombre profundamente inmerso en la realidad que está llamado a evangelizar: no alguien que la contempla desde lejos, ataráxicamente, sino un miembro del cuerpo que es la humanidad en su conjunto.

* * *

El pasaje a partir del cual iniciamos nuestro itinerario de escucha de la experiencia profética está muy claramente delimitado: el comienzo de la perícopa, en efecto, está marcado por un brusco cambio de tono que permite separar fácilmente Os 2,4 de los versículos inmediatamente anteriores, caracterizados por un oráculo de salvación[1] relativo al pueblo de Israel, con acentos vagamente patriarcales (cf. la metáfora de la arena del mar) y en todo caso extremadamente positivo y auspicioso. El versículo 4 retoma *ex abrupto* el tono negativo típico del primer capítulo, recuperando las figuras comunicativas de la metáfora esponsal que acompaña gran parte de este libro profético. En Os 1, el profeta es invitado (por utilizar un eufemismo...) por Dios a tomar por esposa a una prostituta y a engendrar con ella hijos de prostitución, porque *la tierra no hace más que prostituirse, apartándose de YHWH* (1,2). Nos encontramos ante una acción simbólica muy fuerte, que implica ciertamente la vida del profeta, pero también la de otras personas vinculadas a él: en primer lugar, los hijos de la prostitución, concebidos por Oseas con Gomer[2].

Es precisamente a los hijos a quienes Dios se dirige en el v. 4, conminándoles a *comenzar una disputa* con su madre. He aquí

1. Por "oráculo de salvación" se entiende un género literario poético caracterizado por el anuncio de un futuro mejor, que atañe no sólo a la condición sociohistórica, sino también a la situación ética en la que se encuentran las personas.
2. Es el nombre de la hija de Diblàim, la prostituta a la que Oseas está llamado a tomar como esposa (cf. Os 1,3).

otro elemento estilístico que nos permite afirmar que con este versículo comienza una nueva unidad literaria: si hasta el versículo 3, en efecto, estábamos en presencia de un oráculo de salvación, a partir del versículo 4 se desencadena un nuevo género literario, que los estudiosos categorizan como disputa bilateral o, con expresión hebrea, *rîb*. Esta forma literaria está tomada de la vida cotidiana y recuerda una disputa extrajudicial: en efecto, mientras que en una disputa judicial dos personas en litigio entre sí deciden confiar la resolución de la disputa a un tercero (en este caso, un juez), la disputa bilateral o *rîb* tiene la característica de resolverse entre las dos personas implicadas (ofendido y ofensor), sin mediación alguna, y se pone en marcha por la acusación de la persona que se cree agraviada.

Hay que detenerse un poco para reflexionar sobre el sentido y el significado de la acusación dentro de este género literario. Nos inclinamos naturalmente a considerar la acusación como algo negativo, que preludia la venganza o la ruina del acusado, que tendrá que pagar por el mal que ha causado. En este caso concreto, dado que se trata de una acusación de adulterio, razonando según los cánones de nuestra experiencia humana nos encontramos instintivamente dispuestos a esperar que el cónyuge traicionado exija una compensación por el mal sufrido y que, por tanto, la acusación tenga como objetivo la venganza por el mal hecho por la mujer. Éste y muchos otros ejemplos del *rîb* profético muestran, por el contrario, que la acusación es el comienzo de un proceso de salvación del acusado: prueba de ello es el hecho de que la conclusión de tal proceso no es la destrucción del culpable, ¡sino su redención!

Por supuesto, toda redención pasa por el reconocimiento de la propia culpabilidad: de ahí que la acusación surja como un acto necesario para hacer verdad, para reconocer la propia situación de culpabilidad a fin de enmendarse. Podríamos parafrasear este concepto diciendo que la salvación pasa por la verdad. Esto nos previene contra otro malentendido que no pocas veces reproducimos en nuestro comportamiento: ante un mal sufrido, callamos. Aparentemente se trata de un gesto manso y humilde: de hecho,

¡ese silencio tiene sabor a muerte! Como si dijéramos: ¿Me has agraviado? Para mí ya no existes, ya no te tengo en cuenta. Ni siquiera pierdo el tiempo mostrándote el mal que me has causado.

La consecuencia es que la relación se paraliza, aunque conserve la apariencia de una normalidad sólo formal, externa. Es de necios engañarse pensando que el tiempo cura las heridas que uno no admite tener; para que una herida se cure, es necesario que salga a la luz y se purifique. De lo contrario, bajo la costra seguirá ardiendo la infección... Por eso, la primera enseñanza nos viene ya de la primera palabra de este pasaje, del primer verbo del v. 4, acusar. En la acción de Dios, la acusación de pecado no contiene una voluntad justicialista, un deseo de venganza, sino una voluntad salvífica que pasa por hacer verdad.

Una vez reflexionado sobre el verbo, que nos ha ayudado a esclarecer el género literario del pasaje, es necesario comprender bien quiénes son los personajes implicados en la acción expresada por el verbo, es decir, en esta controversia. El v. 4 nos dice más al respecto: *¡Acusad a vuestra madre, acusadla, porque ya no es mi mujer ni yo su marido!* Estas palabras ocultan el medio vital de esta disputa: no se trata de una disputa entre individuos que no tienen nada que ver entre sí, ni de diferentes figuras sociales, como un noble contra un indigente, un rey contra un pobre; se trata, en cambio, de un asunto familiar interno, como muestran claramente todos los términos utilizados para calificar a los personajes implicados (madre, esposa, marido, hijos).

Otro elemento interesante son los adjetivos posesivos: el pasaje comienza con *vuestra madre*, revelando así la naturaleza de quien desencadena la disputa, que sale claramente a la luz al final del verso, con las palabras *yo no soy su marido*. El orador es, pues, el marido traicionado. A quién se dirige es igualmente claro, a sus hijos: al decirles *vuestra madre* en lugar de *mi mujer* está poniendo una distancia, una barrera entre él y la mujer. Es muy probable que todos nosotros, en un momento u otro, hayamos tenido una experiencia directa de este fenómeno. Cuando hay una pelea en una familia, se puede oír al marido decir a sus hijos: “Díselo a tu madre”, como si no se tratara de su mujer; o un hijo que discute con uno de sus hermanos se dirige a sus padres y les dice: "Díselo a tu hijo", como si no se tratara de su hermano. Cuando se impone este tipo de distancia, es porque hay una discusión, un enfrentamiento, y la interposición de esta distancia pretende romper la relación. Esta simple observación nos indica que el marido está muy enfadado con su mujer y, en esencia, da un paso de separación hacia ella. En efecto, al llamar a su mujer *vuestra madre* es como si dijera: "Esta mujer ya no tiene nada que ver conmigo".

La otra característica importante es que esta expresión del marido traicionado y enfadado se dirige a los hijos. El hombre no implica a los hijos para usarlos como apoyo en la polémica con su esposa, como ocurre en algunas disputas entre marido y mujer, en las que se recurre a los hijos porque no se quiere enfrentar directamente al cónyuge. Aquí el marido ordena a los niños que inicien el *rîb* porque su sola presencia, su sola vida, el hecho de que la madre pueda verlos tiene un valor emocional muy fuerte, ya que llevará a la mujer a recordar inmediatamente quién es y qué papel desempeña en el seno de la familia. Los hijos son el signo vivo y concreto del amor de los esposos; de ahí que mirar a sus propios hijos le remite al amor de su vida. Si uno ha traicionado este amor, tan solo ver al propio hijo se convierte en una poderosa acusación, porque su sola presencia le recuerda que es fruto del amor al que debería haber permanecido fiel. Un amor que, en cambio, ha sido defraudado.

Así pues, se ordena a los niños que desencadenen este *rîb* no para instrumentalizarlos, sino porque sus propias vidas son ya un mensaje para la mujer. Podemos decir que es el primer intento que el marido traicionado hace para que la mujer adúltera se retracte de su conducta perversa, con la esperanza de que la vista de los niños la lleve a enmendar su comportamiento infiel.

La frase siguiente, *porque ella no es mi mujer y yo no soy su marido*, tiene una fuerza perturbadora. Por otra parte, también cabe destacar aquí la presencia de pronombres personales, que casi siempre están implícitos en hebreo porque los encontramos claramente expresados en formas verbales. Cuando el pronombre se utiliza de forma explícita, es porque se quiere dar énfasis a la expresión, como si se dijera: "Yo, justamente yo", o "tú, justamente tú", "ella, justamente ella". Dicho esto, lo que dice el marido traicionado (*Ella no es mi mujer y yo no soy su marido*) corresponde en sustancia a la fórmula matrimonial, por así decirlo, invertida. En efecto, el rito matrimonial en el mundo israelita se desarrollaba de manera muy sencilla. Era, más bien, lo que giraba en torno al matrimonio lo que resultaba extremadamente complicado. En las parábolas evangélicas, tenemos algunas reminiscencias de la larga preparación de la boda, así como de la complejidad de la negociación que tenía lugar entre el padre de la novia y el novio, cuya duración dependía de la importancia de la familia de la novia. Así que los preparativos y la fiesta nupcial eran largos, pero en sí mismo el rito matrimonial era bastante sencillo; consistía en que un hombre y una mujer intercambiaran mutuamente esta fórmula: "Tú eres mío, yo soy tuya. Yo soy tuyo, tú eres mía". Se trata de una fórmula cuyo contenido puede resumirse como una declaración de mutua pertenencia. Una fórmula similar, aunque con palabras ligeramente distintas, aparece en varios pasajes proféticos en boca de Dios, que se dirige así a Israel: *Sabrás que yo soy el Señor; yo seré tu Dios y tú serás mi pueblo*[3]. El valor teológico de la expresión es evidente y fundamental, ya que la alianza entre Dios y el pueblo se basa en la alianza más común que existe en la naturaleza, que es la que se establece entre un hombre y una mujer que deciden unirse para toda la vida. Por eso, la fórmula del v. 4 (*ella ya no es mi mujer y yo ya no soy su marido*) corresponde en la práctica a un acto de divorcio, de ruptura de esta alianza nupcial: es formalmente un acto de cierre de la relación que une a los dos.

Quita de tu rostro las marcas de tu prostitución, de tu pecho las marcas de tu adulterio. La disposición quiastica[4] de las palabras de

3. Véase sólo a modo de ejemplo Lev 26,12; Jer 7,23; 32,38.
4. El quiasma (o quiasmo) es una figura retórica que consiste en la creación de una intersección imaginaria entre dos pares de palabras, según el patrón correspondiente a XYYX. Normalmente, en la parte central del quiasma se sitúa el elemento hacia el que se quiere dirigir la atención del lector.

esta frase sitúa en el centro el tema de la prostitución y el adulterio. Es un tema que abunda en el libro de Oseas, tanto en la historia humana del profeta como en su predicación, en forma de metáfora. El texto dice aquí que los signos de la prostitución y el adulterio están en la cara y en los pechos: esto recuerda la costumbre de las prostitutas que, en comparación con otras mujeres, llevaban un fuerte maquillaje en la cara y lucían joyas que las hacían claramente reconocibles como mujeres públicas, es decir, disponibles a la atención y el placer de cualquier hombre.

El v. 5 comienza con la partícula hebrea *pen*, que significa *de lo contrario*: junto con el *laken* (*por tanto*) de los vv. 8.11.16, representa la intervención directa del esposo traicionado hacia esta mujer. Esta primera intervención se presenta con el tono de una amenaza (del tipo: si no actúas conforme a lo que te he ordenado, sucederá esto), mientras que las siguientes –como veremos– tienen más bien el carácter perentorio de una sentencia.

El marido traicionado lanza una serie de amenazas: hay que tener en cuenta, sin embargo, que no son amenazas que surjan de la malicia del novio, sino que son la consecuencia de haber tomado nota de la infidelidad de la novia. Ciertamente, el hombre no está dispuesto a actuar así, pero las circunstancias le obligan a hacerlo. Lo que es importante subrayar de nuevo es el hecho de que no se trata de una amenaza de destrucción, sino de una amenaza de salvación. Esta afirmación suena a oxímoron, a contradicción: no se amenaza con la salvación, ¡si acaso se promete! Por eso es importante averiguar cuál es el verdadero significado de estas palabras, en las que –al menos en una lectura superficial– no se puede discernir nada bueno: *De lo contrario, la desnudaré por completo y la dejaré como cuando nació, y la reduciré a un desierto, como una tierra estéril, y la haré morir de sed*.

No hay nada tranquilizador en estas palabras, al menos en apariencia: son todas acciones que tienen como sujeto al marido herido que, por metáfora, es Dios para Israel. Son todas acciones caracterizadas por un cierto tipo de violencia, porque estar completamente desnuda es algo ciertamente nada agradable para la mujer. Ya la segunda acción ayuda a comprender mejor el concepto: *La dejaré como el día de su nacimiento*. Bien mirado, esta expresión no es más que una extensión semántica del mismo concepto anterior; de hecho, todos nacemos desnudos. Partiendo de esta consideración –como veremos mejor al final del pasaje– podemos retener que la expresión esconde un significado totalmente positivo, porque la acción que se presenta como un acto de violencia (la de desnudar a la mujer por completo) pretende en realidad devolver a esta mujer lo que ha perdido, es decir, su integridad, su inocencia original. Esto nos ayuda a comprender aún mejor lo que significa la expresión amenaza de salvación, que hemos utilizado anteriormente.

Incluso la expresión *la reduciré a un desierto* es en sí misma algo negativo, al menos en apariencia. En hebreo, desierto se dice *midbar,* que significa lugar de ausencia de palabra. Pero, como sabemos, *dabar* (palabra) no indica simplemente una expresión de la voz, sino también un hecho, una realidad: como leemos en el primer relato de la creación, Dios habla y las cosas existen. Así pues, la etimología de la palabra desierto no indica simplemente el lugar de la ausencia de palabra, sino sobre todo la ausencia de vida: es el lugar de la muerte. Por tanto, amenazar con hacer de la mujer un desierto es devolverla al estadio de la muerte. Aparentemente, estamos delante de otra amenaza, si no fuera que, en el plan de Dios, de la muerte renace una nueva vida. De tal manera que la amenaza, leída en la perspectiva del plan de Dios, se convierte en una amenaza de salvación; casi el único camino, indispensable para poder recuperar esa vida que la mujer había perdido.

La reduciré como tierra reseca, la haré morir de sed. Hay en estas palabras la idea de una regresión, de una vuelta al estado original, porque la expresión "tierra reseca" recuerda muy de cerca Génesis 1,2: *La tierra estaba informe y vacía*. Por tanto, lo que Dios amenaza/promete es devolverla a su estado original, aunque por el momento sólo pueda vislumbrarse la positividad de la acción de Dios, tras la clara apariencia de un castigo muy violento.

No tendré compasión de sus hijos, porque son hijos de prostitución. [7]Sí, su madre se ha prostituido (vv. 6-7). Al leer estas palabras, uno reacciona pensando: ¿qué culpa tienen los hijos de ser hijos de prostitución? No hay culpa directa por parte de los hijos que justifique la falta de compasión del marido traicionado. Por dura e incomprensible que suene a nuestros oídos, esta expresión refleja la idea de que no existe ningún pecado que pueda considerarse privado. Todo pecado, por oculto que esté, por mucho que nadie lo conozca, tiene consecuencias para la colectividad, repercute en los demás. Aunque sólo sea porque entristece a quien lo comete, provocando un reflejo en las personas que le rodean.

Así pues, el mensaje de este texto es que no hay obra mala que no tenga una consecuencia en toda la comunidad. Aquí se habla de la comunidad de base, de la comunidad familiar; pero, por extensión, podemos decir que todo tipo de pecado personal tiene una repercusión colectiva. Esta es la perspectiva desde la que debemos entender este pasaje: del mismo modo que el bien que hacemos repercute en beneficio de todos, también el mal que hacemos repercute en la colectividad, a distintos niveles.

... pues dijo: "Seguiré a mis amantes, que me dan mi pan y mi agua, mi lana y mi lino, mi aceite y mis bebidas". La segunda parte del v. 7 inicia lo que podríamos llamar –permaneciendo en el ámbito semántico propio de este género literario, es decir, la disputa bilateral– la acusación de la parte ofendida (a saber, el cónyuge traicionado), que explica los motivos por los que se acusa a la mujer. Tras haber dicho al principio que se ha prostituido, que se ha cubierto de vergüenza, ahora expresa concretamente en qué consiste la maldad de sus actos. No es difícil ver cómo –un tanto paradójicamente– el gran pecado estigmatizado aquí no es tanto el de ir detrás de los amantes; eso es más bien un error de juicio, porque la mujer está convencida de que encontrará el amor, la felicidad, la respuesta a esa necesidad de amor que hay en el corazón de toda persona yendo detrás de esos amantes. Sin embargo, el pecado más grave es la plétora de adjetivos posesivos que se repiten en las palabras de la mujer. Esto, en términos jurídicos, se llamaría delito de apropiación indebida; un auténtico robo, ya que la mujer se apropia de algo que no le pertenece sin tener derecho a ello.

Aquí la esposa infiel comete un doble error: el primero es no reconocer el origen de todas las cosas buenas. La mujer está convencida de que todo lo bueno[5] procede de los amantes; por tanto, el primer problema de esta mujer es que se equivoca al identificar el origen de todas estas cosas buenas. El segundo problema es que, además de equivocarse al identificar el origen, se apropia de estos bienes, los hace suyos: repite "es mío", como hace un niño que se apropia de todo, con la diferencia de que los niños no son conscientes de este hecho, mientras que los adultos deberían serlo.

Contextualizando la profecía de Oseas, recordemos que nos encontramos en el siglo VIII a. C., en el Reino de Israel o Reino del Norte. Es una época caracterizada por un particular esplendor, en el que la economía marchaba muy bien, e incluso había propósitos expansionistas debido al momento de debilidad de los asirios, ocupados entonces en la consolidación interna de su propio imperio. Todo ello llevó al Reino de Israel a creer que podía prescindir de la protección de Dios y seguir su propio camino. Es precisamente aquí donde sobreviene el desastre, y es en esto en lo que insisten continuamente los profetas que van a predicar al Reino del Norte: el pueblo debe dejar de pensar sólo en sí mismo y de oprimir a los pobres, tratando sólo de enriquecerse. Esta actitud es típica de quien se apropia de algo que no es suyo.

Tras esta formalización de la acusación, el marido traicionado interviene de nuevo con la amenaza, en la forma literaria del *laken hinneh* (*por tanto, he aquí*). Ambas proposiciones hebreas tienen el poder de interrumpir el discurso para llamar la atención del lector sobre el hecho de que la intervención de Dios es inminente. *Por tanto, he aquí que yo cerraré su camino con espinas, la rodearé con cercas, y no volverá a encontrar sus senderos. Perseguirás a sus amantes, pero no los alcanzará, los buscará sin encontrarlos.*

5. No es casualidad que el bien se ejemplifique mediante el uso de ciertos objetos con un valor simbólico muy fuerte: "pan y agua", que son el alimento del sustento; "lana y lino", que indican cobertura, pero también embellecimiento; "aceite y bebida", que recuerdan la fiesta, la abundancia, es decir, algo muy bello, como los banquetes y las fiestas.

Pronto nos damos cuenta de que el uso de verbos recurrentes en estos versículos no es casual, sino que pretende expresar una búsqueda frustrada. Por un lado, hay una mujer convencida de que encuentra su plenitud, su vida, su bien total en sus amantes; por otro, está su marido traicionado, que interviene de la única manera posible, a saber, impidiendo que la mujer llegue hasta sus amantes para demostrarle que no es de ellos de donde obtiene todos los bienes de los que disfruta. La apariencia de esta medida es toda negativa; saliéndose de la metáfora del texto, parece como si se pretendiera afirmar que Dios impide la libertad, que se interpone en el camino del hombre que busca su propia realización. Pero, en realidad, se trata de nuevo de una amenaza de salvación al estilo de Dios, de un castigo necesario para liberar a la mujer de este tipo de dependencia. Es como cuando tratas con una persona adicta al alcohol o a las drogas y la encierras en una habitación; a juzgar por su sufrimiento en ese momento, parece que le estás haciendo daño, en cambio lo haces por su propio bien. Si le dejas ir a buscar alcohol o drogas, desde luego no le estarías ayudando...

El texto, por tanto, nos presenta una intervención radical del marido traicionado. Veamos lo que tal intervención produce en el corazón de la mujer: *Entonces dirá: "Volveré con mi antiguo marido, porque estaba mejor que ahora"*. Esta expresión recuerda mucho la parábola del padre misericordioso del evangelio de Lucas (15,11-32). Al fin y al cabo, refleja una característica típica del alma humana. Justo cuando ha llegado al extremo de su sufrimiento, de su frustración, la mujer dice: Volveré con mi primer marido porque entonces era mejor que ahora; igual que el hijo pródigo dice: Me levantaré, me pondré en camino adonde está mi padre, porque al menos allí los criados tienen un trozo de pan para comer. También en nuestro texto profético, como en la parábola del padre misericordioso, no es una gran motivación teológica o religiosa la que mueve a la mujer. No es que ella diga: He comprendido que Dios es el Dios verdadero, el origen de todo bien. Más bien dice: Vuelvo porque antes era mejor para mí que ahora. Es un propósito muy utilitario, exactamente el mismo que el del hijo pródigo, que estaba harto de tener que reducirse a comer algarrobas robándoselas a los cerdos.

La buena noticia para todos es que Dios, en su acción, no desprecia este tipo de motivación, aunque sea puramente utilitaria, porque sabe cómo es el hombre. Dios no desprecia la motivación humana, aunque esté marcada por la pusilanimidad del cálculo: para Él, ¡lo importante es que el hombre vuelva! Este es el sentido fundamental de la palabra hebrea utilizada para describir la conversión: *tešubah*, que procede del verbo *šub*, cuyo significado es "dar la vuelta, cambiar de dirección, invertir el rumbo". Así pues, este verbo tiene un significado muy concreto, no teórico: significa dar la vuelta, con el resultado de que lo que antes tenías delante de la cara ahora lo tienes detrás. Siguiendo en la metáfora, si antes la mujer caminaba hacia sus amantes (sus ídolos), ahora está llamada a dar media vuelta y volver hacia Dios.

Y es que ella no comprendía que era yo quien le había dado trigo, mosto y aceite virgen, quien le había prodigado plata y oro: los convirtieron en ídolos. En esto consiste el verdadero pecado de la mujer: en no reconocer que Dios está en el origen de todos sus beneficios. YHWH no sólo satisface sus necesidades corporales, sino que también la adorna con plata y oro, símbolos de dignidad: son precisamente éstos los que ven subvertido su valor, pues la mujer los ha convertido en ídolos. Utilizando un juego de palabras, podríamos decir que la mujer transforma el *objeto* del regalo (plata y oro) en el *sujeto* del regalo (ídolos), convencida de que son esas estatuillas de metal las que le proporcionan los bienes que, en cambio, proceden de Dios. *No comprendía*: ¡éste es el grave pecado, no reconocer el origen del bien!

[1]*Por tanto volveré a recuperar mi trigo en su sazón, el mosto en su estación; le arrancaré mi lana y mi lino, que cubrían su desnudez*. Llegamos al segundo "por tanto", que, como hemos dicho, introduce la intervención decisiva de Dios. El verbo que describe la acción divina es muy interesante: volveré. Desde el punto de vista etimológico, es el mismo verbo (*šub)* que la mujer utiliza en el v. 9,

lo que sugiere algo muy importante: según el Antiguo Testamento, el proceso de conversión no es unilateral, en el sentido de que no se trata sólo de que el hombre se dé media vuelta para mirar hacia Dios. Más bien, leemos muchas veces que es Dios quien se convierte hacia el hombre, es decir, se vuelve para mirar hacia el hombre anticipando y preparando el movimiento del hombre mismo. Podemos decir que Dios facilita al hombre la búsqueda de la verdad en todos los sentidos: por tanto, la conversión es acompañada por Dios, no impuesta por él.

En nuestro texto, la conversión conlleva una acción que se presenta como violenta: pero es una violencia necesaria, terapéutica, como la del cirujano que para curar debe herir, para limpiar la herida debe causar cierto dolor. El volverse (es decir, convertirse) de Dios hacia la mujer implica una reapropiación por parte de Dios de lo que le pertenece; es una sustracción necesaria, para que la mujer comprenda. Esta amenaza de Dios se manifiesta también como amenaza de salvación: *y nadie la salvará de mi mano*. Esta es la conclusión que da sentido a la acción de Dios, explicando que no se trata de una violencia gratuita, un fin en sí mismo, sino de una acción fuerte que toma la forma de un acto salvífico, destinado a curar a la mujer.

[13]Pondré fin a toda su alegría: su fiesta, su novilunio y su sábado, a todas sus celebraciones. [14]Devastaré su viña y su higuera, de las que decía: "Son mi salario, me lo dieron mis amantes". Las convertiré en selva, las devorará el animal salvaje. Esta densa serie de verbos explica en qué consiste la acción amenazadora de Dios para salvar a esta mujer. Se trata de una serie de acciones de aniquilación, de vuelta al punto cero. La privación del gusto es necesaria porque el gusto de la mujer está adulterado, podríamos decir que sus papilas gustativas ya no pueden percibir los sabores originales. Siguiendo con la metáfora, podríamos decir que lo que hace Dios –por violento que parezca– es coger una escofina y raspar la lengua de la mujer para que ésta pueda volver a degustar los verdaderos sabores. En otras palabras, para llegar al gusto hay que pasar por el

no-gusto absoluto[6]. Si te raspan la lengua, no saboreas durante un tiempo; sin embargo, cuando todo está curado, vuelven los sabores.

Dios, pues, quiere devolver a la mujer el verdadero gusto; y, para ello, debe privarla del gusto de aquellas cosas que la engañan dándole gusto, pero que no tienen verdadero gusto. Bien mirado, es la experiencia que todos tenemos cuando pasamos por el pecado, convencidos de que el pecado sea lo bueno porque nos satisface inmediatamente; sin embargo, nunca llegamos a saborearlo plenamente porque no es el verdadero bien, de modo que ni siquiera la satisfacción es completa, es más bien limitada, siempre falta algo. Por eso, el antídoto es pasar por la ausencia de gusto, prepararse para gustar en profundidad.

Le pediré cuentas de los días en que quemaba incienso a los ídolos. Ataviada con su anillo y su collar, corría detrás de sus amantes, y a mí, me olvidaba» –oráculo del Señor–. La yuxtaposición "amantes-ídolos" vuelve en nuestro texto: al fin y al cabo, se trata del mismo problema, del mismo pecado, ya que la idolatría es representada por el profeta mediante el recurso a la imagen de la prostitución. Y es muy importante subrayar cómo la idolatría se representa aquí de la misma manera que el adulterio: mediante el verbo olvidar. Olvidar a alguien significa borrar a esa persona, significa prácticamente matarla. En la mentalidad bíblica, semítica en general, la muerte no es un gran problema, porque todo el mundo sabe que tarde o temprano debe morir. Mucho peor es, por ejemplo, la esterilidad, pues la idea de no tener hijos significa que has vivido en vano. La vida puede durar hasta cien años; uno puede poseer riquezas sin fin; pero, si no hay nadie que perpetúe su nombre después de la muerte, la vida es absolutamente inútil,

6. Hay aquí algo muy parecido a lo que dice Juan de la Cruz sobre la noche oscura: "Para *gustarlo todo, no quieras tener gusto en nada*. Para venir a saberlo todo, no quieras saber algo en nada. Para venir a poseerlo todo, no quieras poseer algo en nada. Para venir a serlo todo, no quieras ser algo en nada. Para venir a lo *que no gustas, has de ir por donde no gustas*. Para venir a lo que no sabes, has de ir por donde no sabes. Para venir a lo que no posees, has de ir por donde no posees. Para venir a lo que no eres, has de ir por donde no eres" (*Subida al Monte Carmelo*, libro I, capítulo 13).

porque nadie se acordará de él. De ahí la importancia de la descendencia y de que un hijo varón lleve el nombre de su padre y haga perdurar ese nombre en el tiempo. Por todas estas razones, el olvido tiene el poder de borrar una existencia, de hacerla inútil, de hacerla insignificante.

Oráculo de YHWH es una expresión que es como un sello que viene a confirmar lo dicho anteriormente y a solemnizarlo, comprometiendo la autoridad del propio Dios. En este caso, tiene también la función de introducir el pasaje siguiente:

[16]Por eso, yo la seduzco, la llevo al desierto, le hablo al corazón, [17]le entrego allí mismo sus viñedos, y hago del valle de Acor una puerta de esperanza. Allí responderá como en los días de su juventud, como el día de su salida de Egipto. El pasaje empieza con es el mismo verbo (*la seduzco*) que encontramos en el libro de Jeremías en el capítulo 20, que, como veremos más adelante, es un verbo que indica violencia. Indica que el marido tomará a la mujer por la fuerza, la poseerá por la fuerza. El verbo siguiente (*la llevo*) es también un causativo, que indica una compulsión hacia el objeto, en este caso, la mujer. Seguimos en el terreno de lo que hemos llamado un proceso medicinal que, como todas las medicinas, es un tanto amargo y forzado. Es en el desierto donde Dios habla al corazón de la mujer; muy interesante, porque se yuxtaponen dos temas opuestos, a saber, desierto y hablar. Dios habla en el *midbar*, el lugar de la ausencia de habla, como hemos visto anteriormente. La voz de Dios no puede confundirse con ninguna otra voz: para que Dios hable, debe haber silencio a su alrededor, y ésta es la razón por la que lleva a la mujer al desierto. Esto dice una gran verdad de la relación entre Dios y el hombre; que los encuentros más auténticos tienen lugar en el desierto de la vida del hombre. Cuando menos lo esperas y donde menos lo buscas, allí está Dios, esperándote.

De hecho, es precisamente en esta circunstancia inesperada donde se realiza lo que sólo Dios puede hacer. Después de haber restablecido todo, después de haber devuelto a la mujer a su condición original, se abre un discurso de restitución. *Le entrego allí mismo sus viñedos... Allí responderá como en los días de su juven-*

tud, como el día de su salida de Egipto. Todo vuelve a los términos de la alianza, esa alianza que había sido puesta en tela de juicio al principio del pasaje por esa declaración de peso: *Ya no es mi mujer y yo ya no soy su marido*.

Aquel día –oráculo del Señor– me llamarás "esposo mío", y ya no me llamarás "mi baal/amo". En esto consiste la promesa de Dios: volverá a casarse con su pueblo, es decir, restablecerá una alianza con él. Aquí el texto juega con el significado de la palabra *baal*, que como nombre propio indica la deidad cananea más importante, pero como nombre común se utiliza para definir al amo. También es el apelativo con el que la esposa se dirige a su marido, indicando una relación de sumisión, ya que la esposa era entendida como sierva y esclava de su marido. Por tanto, en este contexto, la supresión del término *baal* del vocabulario de la mujer indica que Dios quiere cuestionar esta relación de dependencia servil; es como si dijera a la mujer que pretende ser su hombre, su compañero, y no su amo.

Para ello dice: *Apartaré de su boca los nombres de los baales, y no serán ya recordados por su nombre*. En esta afirmación, el verbo recordar vuelve con toda su intensidad de significado, esta vez utilizado negativamente en el sentido de borrar, de anular la experiencia anterior, que podría quedar como un trauma insuperable. Sólo Dios es capaz de hacer lo que el hombre es incapaz de hacer, interrumpir la vorágine del mal para regenerar el bien en la vida del hombre.

Aquel día haré una alianza en su favor, con las bestias del campo, con las aves del cielo, y los reptiles del suelo. En estas palabras se repite abiertamente el tema de la alianza: una alianza que ya no sólo concierne al hombre y a la mujer, sino también a las fieras, las aves del cielo y los reptiles del suelo. Este vocabulario es típico de los relatos de la creación, en los que se pone al hombre a cargo de todas estas categorías de animales. Así se produce realmente una vuelta a los orígenes, un retorno de la salvación a los orígenes.

Quebraré arco y espada y eliminaré la guerra del país, y haré que duerman seguros. En este pasaje, hay una referencia a otro pacto, que Dios estipula con Noé y sus descendientes después del diluvio universal, diciendo que nunca volverá para destruir al hombre sobre la tierra. ¿Y cuál es el signo de este pacto? El arcoíris, que no es más que un arco en reposo, un arco apoyado en la tierra. El simbolismo de este gesto corresponde exactamente al entierro del hacha de guerra por los indios, que correspondía al cese de las hostilidades y al restablecimiento de la paz. Este signo, por tanto, indicaba en el antiguo Próximo Oriente el fin de las disputas entre dos enemigos y la consecución de la paz. El arcoíris que brilla en el cielo es un signo permanente que recuerda a la humanidad que Dios ha puesto fin a su guerra con el hombre y que esta paz es duradera.

La conclusión del pasaje es todo un derroche de verbos referidos a la unión nupcial, renovada por la experiencia del perdón y la purificación: [21]*Me desposaré contigo para siempre, me desposaré contigo en justicia y en derecho, en misericordia y en ternura,* [22]*me desposaré contigo en fidelidad y conocerás al Señor.* Dado que el problema de esta mujer, el origen de su pecado consistía en su ignorancia entendida como falta de verdadero conocimiento, ha sido necesario que pasara por este largo proceso de purificación. Y el cielo y la tierra responden a este milagro de salvación realizado por Dios. Esto representa el restablecimiento de la comunicación entre el cielo y la tierra, que culmina en el v. 25, con la transformación de los nombres simbólicos que Oseas había tenido que dar a sus hijos. Así, *No-compadecida* se convierte en objeto de la compasión de Dios y el *No-mi-pueblo* se convierte en el pueblo de Dios. Se restablecen así los términos de aquella alianza que había sido rota por el pecado, por la infidelidad, por la prostitución de la mujer.

* * *

Concluyendo nuestro recorrido por las páginas de Oseas, nos encontramos ante la imagen de un Dios que, incluso en su justicia, nunca abandona la esencia de la misericordia. La disputa bilateral, el *rîb,* no es un mero acto acusatorio, sino que se convierte en un puente hacia la reconciliación, en una invitación a la redención. En el centro de esta dinámica se encuentra el profeta Oseas, figura de intercesor humano que, a través de su propia experiencia personal de dolor y perdón, encarna el mensaje divino de salvación.

En la trama narrativa del libro de Oseas, la familia se convierte en una metáfora de la relación entre Dios e Israel. La separación y el dolor, así como la esperanza de renovación, se reflejan en los rostros de los hijos, en los gestos de la esposa y en la voz del marido. La familia de Oseas es el espejo en el que todo hombre está llamado a reconocerse, a revisar sus propias relaciones rotas y la posibilidad de un amor renovado y purificado.

La conclusión de este viaje entre líneas proféticas nos deja la certeza de que, en lenguaje bíblico, la acusación nunca es un fin en sí mismo, sino el primer paso hacia la curación. El silencio no puede ser una respuesta al mal cometido, sino que es en el reconocimiento y la admisión de la culpa donde se abre el camino hacia la restauración de la comunión. La redención pasa por la verdad, y la verdad es el camino que Dios nos invita a recorrer, un camino que, mediante el reconocimiento del pecado y la aceptación de la gracia, conduce a la plena realización del ser humano en su designio de amor.

A través de estas páginas de Oseas, pues, la mirada de Dios se posa en la vida humana, no para condenar, sino para llamar hacia sí; para restablecer un vínculo que, a pesar de la fragilidad humana, permanece firme en la promesa de un futuro en el que la fidelidad y el amor serán la última palabra. Y así, en el diálogo entre lo divino y lo humano, entre el cielo y la tierra, se despliega el eterno mensaje de esperanza que los profetas, con su vida, han transmitido a todas las generaciones.

III

LA MIRADA DE DIOS EN LA EXPERIENCIA DE JEREMÍAS

(Jr 20,7-18)

Tras escuchar la experiencia de Oseas, nos encontramos con un nuevo personaje profético que puede ayudarnos a avanzar en nuestro camino de búsqueda del rostro de Dios en los asuntos humanos: Jeremías, a quien me gusta describir como el profeta inquieto.

La angustia interior de Jeremías se percibe desde las primeras líneas de su experiencia, por ejemplo, en el relato de su vocación profética. Este pasaje nos desvela un diálogo íntimo y apasionado en el que el Señor Dios se dirige de manera perentoria al joven llamado, manifestándole su voluntad sin evasivas: *Antes de formarte en el vientre, te elegí; antes de que salieras del seno materno, te consagré: te constituí profeta de las naciones* (Jr 1,5). La respuesta de Jeremías a la invitación divina es indicativa de su estado de ánimo: *¡Ay, Señor, Dios mío! Mira que no sé hablar, que solo soy un niño* (1,6). Por la vacilación que se filtra en sus palabras, captamos toda la dificultad del joven profeta para verse incluido en el proyecto que Dios tiene para él. Se trata de un proyecto grandioso, que podría haber hecho cosquillas a la vanidad y a la manía de grandeza de algunos, pero que en el alma de Jeremías produce el efecto contrario, el del miedo y la reticencia a aceptar la misión profética. Desde luego, ¿qué clase de profeta puede ser el que ni siquiera sabe hablar? Jeremías siente la tentación de retirarse, pero la palabra del Señor le empuja a aceptar el misterio de la vocación profética. Esta es la primera de una larga serie de circunstancias en las que nuestro profeta inclina la cabeza, aceptando la voluntad de Dios, pero sin callar ni ocultar todo el sufrimiento y el sacrificio que ello implica.

En efecto, la misma inquietud que había asomado en la juventud de Jeremías se revela como una constante en su parábola existencial. Así, en medio de su misión profética, le oímos exclamar: *¡Ay de mí, madre mía, me has engendrado para discutir y pleitear por todo el país! Ni presté ni me han prestado, en cambio, todos me maldicen* (15,10). Las acusaciones y ataques de sus adversarios, la incomprensión que acompaña a su predicación, en una palabra, las incertidumbres de su misión profética parecen debilitar la resistencia del mensajero de Dios, agotado por el peso de la tarea que ha recibido. Es precisamente en este momento de debilidad y duda –de inquietud, en realidad– cuando se manifiesta el poder del Señor, que acude en socorro de su siervo para confirmarle en su misión: *Si vuelves, te dejaré volver, y así estarás a mi servicio; si separas la escoria del metal, yo hablaré por tu boca. Ellos volverán a ti, pero tú no vuelvas a ellos.* [20]*Haré de ti frente al pueblo muralla de bronce inexpugnable: lucharán contra ti, pero no te podrán, porque yo estoy contigo para librarte y salvarte –oráculo del Señor–* (15,19-20). Una vez más, pues, la debilidad del profeta, inquieto y turbado en lo más íntimo de su ser, se ve ayudada por la poderosa acción de Dios, que interviene para infundirle fuerza y valor en la lucha.

Pero hay un texto que refleja mejor que ningún otro la agitación y la inquietud experimentadas por Jeremías en el cumplimiento de su misión: se trata de una de las llamadas confesiones[1] de Jeremías recogida en el capítulo 20, en la que el profeta relee su propia experiencia de fe y su respuesta a la llamada de Dios de un modo conmovedor y profundamente emotivo. Escuchémosla:

1. Con esta palabra se designa un género literario específico, caracterizado por la presencia de una lamentación individual (género muy presente en el Salterio) en la que el orante dirige a Dios no una plegaria, sino una verdadera protesta. Hay otros textos similares en Jeremías: cf. 11,18-12,6; 15,10-21; 17,12-18; 18,18-23.

7 Me sedujiste, Señor, y me dejé seducir;
has sido más fuerte que yo y me has podido.
He sido a diario el hazmerreír, todo el mundo se burlaba de mí.
8 Cuando hablo, tengo que gritar,
proclamar violencia y destrucción.
La palabra del Señor me ha servido
de oprobio y desprecio a diario.
9 Pensé en olvidarme del asunto y dije:
«No lo recordaré; no volveré a hablar en su nombre»;
pero había en mis entrañas como fuego,
algo ardiente encerrado en mis huesos.
Yo intentaba sofocarlo, y no podía.
10 Oía la acusación de la gente:
«"Pavor-en-torno", delatadlo, vamos a delatarlo».
Mis amigos acechaban mi traspié:
«A ver si, engañado, lo sometemos
y podemos vengarnos de él».

11 Pero el Señor es mi fuerte defensor:
me persiguen, pero tropiezan impotentes.
Acabarán avergonzados de su fracaso,
con sonrojo eterno que no se olvidará.
12 Señor del universo, que examinas al honrado
y sondeas las entrañas y el corazón,
¡que yo vea tu venganza sobre ellos,
pues te he encomendado mi causa!
13 Cantad al Señor, alabad al Señor,
que libera la vida del pobre
de las manos de gente perversa.

14 Maldito el día en que nací,
no sea tenido por bendito
el día en que mi madre me parió.
15 Maldito el hombre que anunció
la buena noticia a mi padre:

«Te ha nacido un hijo varón»,
y le dio una gran alegría.
[16]*Sea ese hombre igual que las ciudades*
que el Señor destruyó sin compasión;
que escuche alaridos de mañana,
gritos de guerra al mediodía.
[17]*¿Por qué no me mató en el vientre?*
Mi madre habría sido mi sepulcro,
con su vientre preñado eternamente.
[18]*¿Por qué hube de salir del vientre*
para pasar trabajos y fatigas
y acabar mis días deshonrado?

La perícopa está dividida con bastante claridad en tres partes, que aparecen en forma de tres secciones inconexas, casi como si fueran tres bloques: vv. 7-10; vv. 11-13; vv. 14-18. Bien mirado, la primera y la tercera sección remiten la una a la otra tanto temática como estilísticamente; lo que crea una cierta fractura entre estos dos bloques es la sección central, que interrumpe el conmovedor diálogo entre el profeta y Dios para introducir un elemento hímnico de alabanza, tipo salmo, completamente distinto del contexto. Sin embargo, es precisamente esta aparente dicotomía entre los extremos y el núcleo de este pasaje la clave más adecuada para su interpretación: la amargura de las palabras de Jeremías a Dios debe entenderse y resumirse en la capacidad del profeta para ir más allá del sufrimiento y confiarse –mediante un acto de fe– a la providencia de Dios, que no dejará de intervenir a su lado y de hacer justicia de sus enemigos. Sin más preámbulos, entremos en el análisis de cada una de las partes.

Parte I (vv. 7-10)

El comienzo del pasaje es solemne y trágico al mismo tiempo: [7]*Me sedujiste, Señor, y me dejé seducir; has sido más fuerte que yo y me has podido.* La acción divina se presenta en los términos de una violencia, de una seducción forzada: el primer verbo hebreo utilizado aquí (*pth*)[2] no habla de seducción como juego amoroso, como entretenimiento romántico entre dos amantes; habla más bien de violencia física, de forzamiento, de falta de respeto a la intimidad. Por mucho que nos repugne incluso la idea, la mejor traducción de este verbo debería ser: "Me has violado". No contento con la gravedad de estas palabras, el profeta agrava la ofensa culpándose a sí mismo por dejarse violar. Jeremías se reprocha no haber tenido la fuerza de oponerse a esta presencia tan invasora como violenta: casi se puede palpar en estas palabras la decepción de quien se siente traicionado en la confianza depositada en su ser querido. Y el discurso continúa con dos verbos más (*has sido más fuerte que yo y me has podido*) que no hacen sino explicitar aún más el sentimiento de frustración del hombre Jeremías, que se siente derrotado en todos los aspectos.

De este discurso audaz, propio de un amor herido, emerge toda la pasión y la impetuosidad de la personalidad de Jeremías, que denuncia el peso de lo que –desde el principio, como hemos dicho– le había parecido una misión demasiado elevada.

He sido a diario el hazmerreír, todo el mundo se burlaba de mí. Después de formular la acusación, el profeta pasa a explicitar las consecuencias en su vida de la acción de la que acusa a Dios. Me parece interesante profundizar algunas palabras, que ponen claramente de relieve el sentido de postración en que se encuentra Jeremías: se trata de las expresiones "a diario" y "todo el mundo". ¿Es posible que Jeremías no tuviera al menos un día de tregua en su enfrentamiento con sus adversarios? ¿Es posible que no hubiera una sola persona que no se burlara de él? Es evidente que se trata de una hipérbole, de una exageración, pero es importante porque sirve de termómetro de la situación interior del profeta y, en cierta manera, de todo ser humano. De hecho, ¿quién no ha pasado por momentos de depresión, en los que el sufrimiento y el dolor llevan a verlo *todo* negro, a ser incapaz de encontrar siquiera un punto positivo en lo

2. Se trata de la misma raíz verbal utilizada en Os 2,16 para describir la intervención del cónyuge traicionado que recupera por la fuerza a su esposa infiel. Remito al comentario de ese pasaje para profundizar en el tema.

que uno hace o vive? Por eso, la experiencia de Jeremías se nos presenta como una experiencia profundamente humana.

Cuando hablo, tengo que gritar, proclamar violencia y destrucción. La palabra del Señor me ha servido de oprobio y desprecio a diario. El v. 8 tiene un alcance estremecedor. Bien sabemos que la misión profética no consiste en hacer algo, ni siquiera en ser alguien, porque –como hemos dicho– el profeta no es más que un instrumento de la Palabra de Dios, un canal de transmisión de esta Palabra salvadora. Recordando esta realidad comprendemos bien cuán fuertes y contundentes son las palabras de Jeremías, que vincula su propio discurso profético a la violencia, a la coacción e incluso a la vergüenza. Sí, el profeta se avergüenza de la Palabra que le causa tanta burla y escarnio por parte de quienes la escuchan. También aquí observamos la expresión "a diario", que debe entenderse en el sentido de hipérbole, según vimos anteriormente.

9*Pensé en olvidarme del asunto y dije: «No lo recordaré; no volveré a hablar en su nombre»; pero había en mis entrañas como fuego, algo ardiente encerrado en mis huesos. Yo intentaba sofocarlo, y no podía.* Con extrema lucidez y honestidad, Jeremías no oculta que es presa de la tentación de tirar la toalla ante las dificultades, tentación que se apodera de cualquiera que haya decidido dedicar su vida a Dios. Las dificultades inherentes a la misión y el sufrimiento que siempre la acompaña pueden llevar a uno a consecuencias extremas, como decidir abandonar al Señor, dar la espalda a su llamada. La expresión que utiliza el profeta para describir la tentación de abandonar la misión es muy fuerte: "No lo recordaré". Para comprenderla plenamente, debemos recuperar lo que ya hemos dicho de forma extensa en el comentario del texto de Oseas, a propósito de la importancia del verbo recordar y de su antónimo olvidar en el Antiguo Testamento.

Aparentemente, Jeremías no sucumbe a esta tentación. Parecería que la inquietud experimentada por el profeta no le aleja de Dios, sino que, al contrario, abre la puerta a una esperanza que se convierte en la certeza de su presencia. Pero, esto es sólo la apariencia. Mirando el texto más de cerca, con más atención, uno se da cuenta de que, en las palabras del profeta, más que un gesto de confianza, se puede leer la expresión de una frustración más, que se va sumando a las anteriores. Es como si Jeremías quisiera decir que hacía del todo para librarse de la misión profética, pero no podía. No es que no quisiese, ¡es que no podía hacerlo! Jeremías retoma aquí la misma expresión con la que había abierto su lamento en el v. 7: *Me sedujiste y me dejé seducir.* Una vez más, emerge claramente en este relato un profundo rasgo de humanidad del profeta. Una humanidad que –recordémoslo– no es en absoluto ajena al plan de Dios, que en Jesucristo quiso asumir esta humanidad y redimirla.

10 Oía la acusación de muchos: «"Pavor-en-torno", delatadlo, vamos a delatarlo». Mis amigos acechaban mi traspié: «Quizás se deje seducir, así prevalecemos y podemos vengarnos de él». En esta expresión, que concluye la primera parte del pasaje, Jeremías retoma varios de los elementos ya presentados y resume lo dicho hasta ahora. Quisiera señalar que no hay que engañarse pensando que el adjetivo sustantivado "muchos", que aparece al principio de este pasaje, amortigüe o reduzca de algún modo el sentimiento de persecución cósmica del profeta. En efecto, el término hebreo *rabbim* no denota simplemente muchas personas sino más bien multitudes y, por lo tanto, un grupo incontable. Por consiguiente, su mejor traducción, su equivalente conceptual en nuestras lenguas modernas sería más bien "todos".

Además, esta traducción es plenamente coherente con el contexto remoto, que ya hemos indicado, así como con el contexto próximo; unas palabras más adelante, en efecto, Jeremías añade que todos sus amigos esperaban su caída. Interesantes, de nuevo, son las palabras con las que informa de la esperanza de los amigos-enemigos: *Quizá se deje seducir, así prevalecemos*. Seducir y vencer (*pth* e *ykl*) son los mismos verbos que encontramos antes en boca del profeta para describir la situación en la que se sentía atrapado. Al fin y al cabo, Jeremías, al dar voz a sus amigos, no hace sino seguir dando voz a su propia amargura y rebeldía contra Dios. En la burla de sus amigos, el profeta ve una vez más las consecuencias de lo que él percibe como la violencia más grave e intolerable: la que afirma haber recibido de Dios.

Parte II (vv. 11-13)

Hasta ahora, nos hemos enfrentado a un crescendo de la hostilidad del profeta hacia YHWH; una hostilidad marcada por el matiz de la desconfianza y decepción de un hombre que, no sin dificultad, aceptó una misión cumpliendo un acto de fe hacia quien le llamó, y que ahora se ve obligado a admitir que se ha equivocado en todo momento, que ha fracasado por completo en su objetivo.

En este contexto sombrío y aciago, el v. 11 introduce palabras que no cabría esperar. Se trata de un verdadero himno a YHWH, a quien el profeta alaba como el que es fiel a su promesa y garantiza protección y salvación a su enviado. Este texto de tonos muy líricos evoca el diálogo inicial entre Dios y Jeremías, en el que el Señor responde a las perplejidades del joven llamado garantizándole su presencia en los momentos de dificultad (cf. Jr 1,1-19). Si hasta este momento todo el universo de Jeremías estaba teñido de tintes sombríos, sin el menor atisbo de esperanza, en estas primeras palabras del v. 11 se percibe la luz resplandeciente de un Dios victorioso sobre sus enemigos, que se muestra providente y actúa eficazmente en la vida del profeta.

El contraste es tan fuerte que crea algo de desconcierto. Podríamos decir que revela una especie de esquizofrenia en un hombre que pasa de la depresión absoluta, de la falta total de confianza, a una actitud de sólido abandono en manos de quien todo lo puede y es capaz de restablecer la verdad, restaurando la justicia. Sin embargo, como decíamos al principio, esta parte es la clave para entender todo el pasaje: ¿cómo hemos de interpretar, pues, las palabras de Jeremías? Esencialmente como un auténtico acto de fe, surgido de la más profunda desesperación en la que se había sumido el profeta. Lo que precede (vv. 7-10) es el arrebato –profundamente humano– de una persona que está sufriendo mucho; estas palabras son la demostración de que, a pesar de las apariencias, este sufrimiento no ha conseguido desquiciar lo más importante, es decir, la fe de Jeremías en el Dios que le llamó desde el seno materno. Aunque su vida corra peligro, aunque su misión conlleve graves sufrimientos, él en el fondo sabe que Dios está de su parte y que, por tanto, ese sufrimiento no es inútil, sino que adquiere sentido.

Parte III (vv. 14-17)

El ambiente alegre y victorioso que nos hacían gustar los vv. 11-13 se disuelve bruscamente en el v. 14, ya desde la primera palabra que suena amenazadora: "maldito". Un adjetivo muy fuerte, que recuerda la voz de Dios que lanza la maldición contra la serpiente en Gn 3,14. Un adjetivo que se entiende bien si se compara con la fuerza de su antónimo, "bendito", que en el lenguaje de la Biblia indica la presencia constante y benévola de YHWH hacia el hombre, creado y –precisamente– bendecido por él. Aquí Jeremías llega a maldecir el día de su nacimiento y todo lo relacionado con él, incluido el pobre y desprevenido portador de la noticia de su nacimiento:

[14]Maldito el día en que nací, no sea tenido por bendito el día en que mi madre me parió. [15]Maldito el hombre que anunció la buena noticia a mi padre: «Te ha nacido un hijo varón», y le dio una gran alegría. La noticia del nacimiento de un hijo varón se consideraba una bendición, porque anuncia la descendencia y, por tanto, la continuación del linaje de los hombres. Pero, en la visión sufriente y desilusionada del profeta, todo esto pierde absolutamente su significado. Al contrario, se convierte en algo negativo, contrario a la vida misma, ya que la bendición está intrínsecamente vinculada a la transmisión de la vida.

Esta tercera parte, como hemos visto, comulga ciertamente con la primera en cuanto a las imágenes negativas y al tono de fuerte polémica que Jeremías utiliza para con Dios. Por otra parte, no podemos pensar que la parte central, con toda su positividad, sea un accidente del camino, algo que no tiene nada que ver y que no cambia la perspectiva del profeta que, por el contrario, vuelve a sumirse en la más oscura de las depresiones. Tal vez haya otra forma de entender estas graves palabras de Jeremías. Incluso con el tono herido de quien sufre mucho, el profeta parece estar diciendo que toda su vida perdería sentido si no existiera la certeza de la presencia providencial de Dios; esa misma presencia providencial que Jeremías alabó y bendijo en la parte central de este pasaje.

Así pues, tras la gravedad y la profunda negatividad de estas palabras, estamos llamados a ver una vez más la actitud fundamental que se desprende de la escucha de la experiencia de este que hemos llamado profeta inquieto: la fe. Una fe que, aunque se esconda bajo el disfraz de la rebelión y el desafío a Dios, no deja de ser granítica, estable. Al final, Jeremías no da marcha atrás; aunque acuse a Dios de todas las cosas graves de las que hemos hablado antes, sigue cumpliendo la misión de anunciar la Palabra. Aparentemente es un hombre sin fe, porque ataca directamente a Dios culpándole de su propia situación de sufrimiento; pero, en realidad, Jeremías demuestra ser un verdadero creyente que acepta la Palabra y soporta su carga, incluso hasta las consecuencias extremas. Esto debería ayudarnos a comprender que la fe pide ser vivida en la propia carne, no ser ostentada como criterio de pertenencia a un grupo más o menos elitista.

* * *

Tras asomarnos al alma de Jeremías a través del conmovedor relato de su propia experiencia, nos encontramos ante un profeta cuya vida estuvo marcada por un inextricable entrelazamiento de pasión divina y tormento humano. Jeremías, el profeta inquieto, nos revela a través de su existencia la esencia misma de la relación entre el hombre y lo divino: un diálogo constante, a veces doloroso, pero siempre impregnado de una profundidad que trasciende la mera existencia terrenal. Su voz, que emerge de las páginas de la Escritura, no sólo es el eco de una antigua llamada profética, sino también el grito de todo hombre que se enfrenta a la realidad de un Dios que llama, interpela y a veces parece abrumar con su presencia.

Jeremías se nos revela como un hombre que, a pesar de su fragilidad, se convierte en canal de una verdad que no conoce compromisos, en portavoz de una justicia que no admite ambigüedades. Su experiencia de seducción y lucha, de resistencia y capitulación, de dolor y esperanza, se configura como un microcosmos de la experiencia humana ante el misterio de Dios. A través de su vida, el profeta nos enseña que la fe no es un camino lineal, sino accidentado, lleno de asperezas y momentos de crisis, que sin embargo nunca carece de sentido ni de dirección. Su lucha interior refleja nuestras propias luchas, nuestras angustias más profundas, nuestra búsqueda de sentido.

En el profeta Jeremías, la palabra de Dios se hace carne viva, latido existencial, enfrentándose a la realidad del mundo en toda su crudeza. Sin embargo, a pesar de la persecución, la burla, la soledad y el aparente fracaso de su misión, Jeremías no se rinde a un silencio desesperado. Su voz no se apaga, sino que se eleva en un himno de confianza en la justicia de Dios, en una oración que es a la vez lamento y alabanza, protesta y proclamación.

En conclusión, la figura de Jeremías nos interpela, nos invita a no permanecer indiferentes ante la llamada de Dios, a no tener miedo de expresar nuestra humanidad, con todas sus fragilidades y contradicciones, ante el absoluto divino. Nos exhorta a vivir nuestra vocación, cualquiera que sea, con la misma intensidad y autenticidad con que él vivió la suya. Su historia se convierte así en fuente de inspiración para todos aquellos que, a su manera, se encuentran navegando por las aguas, a veces tormentosas, de la fe, recordándonos que incluso en las turbulencias más profundas puede germinar la más sólida de las esperanzas: la de saber que la mirada de Dios nos acompaña y bendice nuestro camino. Sea cual sea.

IV
LA MIRADA DE DIOS SOBRE JONÁS
(Jon 3-4)

Aquí llegamos al tercer personaje profético que nos ayudará a contemplar la mirada de Dios sobre los asuntos humanos: el profeta Jonás. Su historia se narra en el libro que lleva su nombre, uno de los textos más breves de la Biblia, pero no por ello menos importante[1]; de hecho, trata temas de alto valor teológico, como veremos. Abramos, pues, el corazón para escuchar la experiencia de este hombre, tratando de captar en ella el reflejo de la mirada de Dios.

A modo de introducción

Antes de adentrarnos en la lectura del texto bíblico, debemos contextualizar el libro que tenemos ante nosotros, tratando de entender bien su forma para prepararnos a recibir su contenido. Una comparación con otros libros proféticos revela inmediatamente una diferencia sustancial: falta casi por completo uno de los elementos principales y típicos de la literatura profética, a saber,

1. Esta observación nos permite recordar un concepto muy importante: la expresión "profetas mayores" y "profetas menores" se utiliza a veces para distinguir el bloque formado por Isaías, Jeremías y Ezequiel del resto de los profetas (tradicionalmente agrupados en un libro ideal, el llamado Libro de los Doce Profetas). La distinción entre mayores y menores, sin embargo, sólo puede aceptarse con referencia a la cantidad de material, desde luego no a la calidad. Así, por ejemplo, Isaías debe considerarse mayor que Jonás sólo porque su libro consta de 66 capítulos, frente a los apenas 4 de Jonás.

el oráculo. Este género literario tan característico del estilo de los profetas está prácticamente ausente del libro de Jonás, salvo las breves palabras que han quedado más famosas, tanto que han pasado a formar parte del imaginario colectivo: *Dentro de cuarenta días, Nínive será arrasada* (3,4). Por otra parte, bien mirado, se trata de un oráculo extremadamente contraído en su formulación, que sin duda puede situarse entre los oráculos de juicio[2], aunque técnicamente falte la expresión abierta de la denuncia del pecado, ya que el profeta no hace más que anunciar la inminencia del castigo de Dios.

Más allá de esto, el libro de Jonás se desarrolla como un relato. No se trata de una biografía, ni de una narración tipo crónica, ya que el autor recurre a personajes y escenarios ficticios –aunque verosímiles– que tienen una función puramente instrumental dentro de la narración. Sirven, es decir, para trasladar un mensaje, para transmitir el contenido de la comunicación profética, que sigue siendo el centro de interés del escritor. Esto es fundamental para comprender el mensaje del texto: no debemos buscar en ello información histórica sobre Nínive en el siglo VII a. C., ni sobre un personaje profético llamado Yonah ben Amittay, porque correríamos el riesgo de ver frustrada nuestra investigación. Más bien, debemos comprender que el escenario y los personajes son funcionales a la enseñanza que el texto pretende transmitirnos.

Pero, ¿cuál es este mensaje? Surge con toda claridad entre las líneas de la Escritura. En el centro está –como siempre– la Palabra, verdadera protagonista de toda la historia, como vemos en Jon 1,1: *La palabra de YHWH (se dirigió) a Jonás hijo de Amittay en estos términos...* Todo comienza aquí. La Palabra de Dios se cierne sobre la historia humana y la acompaña, la guía, a veces la endereza... Esta comunicación divina marcará el destino personal del personaje profético en cuestión, es decir, Jonás, pero también de todos

2. Por oráculos de juicio entendemos las comunicaciones proféticas caracterizadas por dos elementos: la denuncia del pecado y el anuncio de las consecuencias de ese pecado, en forma de castigo.

aquellos que a través de su palabra –podríamos adelantar, a pesar de su voluntad– se dejen tocar por la Palabra.

El núcleo del mensaje es que la Palabra de Dios no es algo reducible a una posesión privada; la revelación no es prerrogativa exclusiva del pueblo de Israel, sino que es para toda la humanidad. Con sabor a provocación, el autor del libro elige la ciudad de Nínive, enemiga histórica de Israel, como destinataria del mensaje de salvación de Dios; una clara indicación de que basta con convertirse, con volver a Dios para ser perdonado, sean cuales sean los pecados cometidos.

Si éste es el mensaje central, no menos importante es la enseñanza contenida en las reacciones, en lo que podríamos llamar el mundo interior del profeta, que es el instrumento que Dios utiliza para anunciar. Es justamente a este aspecto al que dedicaremos nuestra atención, en el análisis de los dos últimos capítulos de nuestro hermoso y pequeño libro.

Jon 3,1-10: segunda misión... ¿finalmente cumplida?

*[1]El Señor dirigió la palabra por segunda vez a Jonás. Le dijo
así: [2]–Ponte en marcha y ve a la gran ciudad de Nínive; allí les anunciarás el mensaje que yo te comunicaré. [3]Jonás se puso en marcha
hacia Nínive, siguiendo la orden del Señor. Nínive era una ciudad
inmensa; hacían falta tres días para recorrerla. [4]Jonás empezó a
recorrer la ciudad el primer día, proclamando: «Dentro de cuarenta
días, Nínive será arrasada». [5]Los ninivitas creyeron en Dios, procla-
maron un ayuno y se vistieron con rudo sayal, desde el más importante al menor. [6]La noticia llegó a oídos del rey de Nínive, que se
levantó de su trono, se despojó del manto real, se cubrió con rudo
sayal y se sentó sobre el polvo. [7]Después ordenó proclamar en Nínive este anuncio de parte del rey y de sus ministros: «Que hombres
y animales, ganado mayor y menor no coman nada; que no pasten
ni beban agua. [8]Que hombres y animales se cubran con rudo sayal
e invoquen a Dios con ardor. Que cada cual se convierta de su mal
camino y abandone la violencia. [9]¡Quién sabe si Dios cambiará y
se compadecerá, se arrepentirá de su violenta ira y no nos destrui-
rá!». [10]Vio Dios su comportamiento, cómo habían abandonado el*

mal camino, y se arrepintió de la desgracia que había determinado enviarles. Así que no la ejecutó.

El lector de la Biblia hebrea está bastante acostumbrado a los que técnicamente se denominan "reinicios" de la narración. Se trata de recursos literarios mediante los cuales el autor reinicia la narración tras un estancamiento, es decir, después de que algún elemento haya intervenido para atascar el mecanismo narrativo e impedir que se desarrolle con fluidez.

Como ya hemos dicho, la historia de Jonás se abre en Jon 1,1 con la atribución de una misión por parte de la Palabra de YHWH, protagonista soberano de todo el asunto. Dicha misión es inmediatamente rechazada por el profeta, que se puso en camino para huir a Tarsis, en dirección opuesta a la orden divina. El resto de los capítulos 1-2 relatan las vicisitudes provocadas por tal desobediencia a la Palabra, y Jon 3,1 tiene precisamente la función de reiniciar la narración, que había encallado en las arenas en las que Jonás había sido arrojado por su propia hostilidad a la tarea recibida. Sin embargo, más allá de la función literaria, es importante subrayar que en el centro mismo de toda la narración está la presencia central y preponderante de la Palabra; como si se afirmara –mejor, se reafirmara– que todo tiene su origen en y a partir de la Palabra de Dios.

Se invita a Jonás a "levantarse e irse". Es evidente que se trata de una fórmula muy habitual, pero no parece osado ir más allá del sentido literal de la orden divina para comprender todo su alcance. Dios invita a Jonás a salir de la situación en la que se encuentra, a ponerse en movimiento no sólo físicamente, sino sobre todo interiormente. El viaje que debe emprender le llevará lejos de su propia voluntad, de su manera de pensar y concebir la realidad, para abrazar algo nuevo, es decir, el proyecto de Dios.

La ciudad a la que se dirige Jonás se define como grande. Es más, el adjetivo va precedido del artículo determinativo, *la* gran ciudad. La función simbólica de esta determinación se dice rápidamente: Nínive era la capital del imperio asirio, y su grandeza a los ojos de Jonás –hijo de un pueblo sometido al poder imperialista asirio– era sinónimo de miedo, incluso de terror. Una imagen nada tranquilizadora, pues. El texto insiste en el tamaño de la ciudad también en los versículos siguientes, añadiendo: *Nínive era una ciudad inmensa; hacían falta tres días para recorrerla* (v. 3). No sólo era grande, sino inmensa.

La Palabra divina manifestada a Jonás contiene una segunda orden, que acompaña a la necesidad de levantarse y partir: *Allí les anunciarás lo que yo te comunicaré*. Aquí es importante señalar una variación con respecto a la orden divina expresada en 1,2. Aunque esto no siempre se vea reflejado en las traducciones, mirando al texto hebreo original uno se da cuenta de que en esa primera expresión existía la idea de "proclamar contra" la ciudad, denunciando así el mal que sus habitantes estaban cometiendo a los ojos de Dios. En Jon 3,2, sin embargo, cambia la partícula que acompaña al verbo anunciar: ya no se trata de hablar contra alguien, sino de hablar hacia, de dirigirse a. Creo que no estoy forzando demasiado la interpretación del texto al entender esta variación en la manera divina de comunicarse al profeta como una clara enseñanza dirigida al profeta mismo. Jonás está llamado a cambiar de actitud ante la misión que ha recibido, dejando de considerarla una misión de destrucción, para considerarla una misión de salvación. En efecto, no anuncia su propia palabra –que sería ciertamente una palabra de destrucción del gran enemigo–, sino que refiere fielmente la Palabra de Dios, que es una palabra de esperanza y contiene un mensaje de salvación para quienes se conviertan a él.

La historia continúa presentando a Jonás que camina por la ciudad y anuncia: *Dentro de cuarenta días, Nínive será arrasada*. Aparentemente, pues, el profeta ha dejado de lado todo reparo y está dispuesto a cumplir la voluntad de Dios, en plena obediencia. Sin embargo, si vamos un poco más allá de la letra del texto, tal vez podamos entender algo más sobre el personaje cuya experiencia estamos considerando. En nuestra breve introducción nos hemos referido al hecho de que el único oráculo del libro de Jonás es bastante peculiar, porque –aunque tiene el sabor de un oráculo de juicio– carece de un elemento esencial: la denuncia del pecado. No se trata de un detalle menor; como bien nos ha demostrado la experiencia de Oseas, reconocer el propio pecado es la condición esencial para poder liberarse de él, dar la espalda a los ídolos y volver al verdadero origen de todo bien, es decir, a Dios. ¿Sería un exceso de malicia suponer que Jonás omite conscientemente la denuncia del pecado, esperando que el pueblo no tome conciencia de sus faltas y, por tanto, no se convierta? A juzgar por la reacción que el profeta tuvo al ver lo que pasó a continuación, parecería que no se trata de un exceso de malicia por nuestra parte pensar así. En efecto, el pueblo se convierte en su totalidad, desde el rey hasta el más pequeño de sus súbditos (de hecho, ¡hasta los animales participan en el proceso penitencial!), con el resultado de que *Dios se arrepintió del mal que había amenazado hacerles y no lo hizo* (v. 10). Y esto provoca una fuerte reacción en el profeta Jonás, como bien se ve en el capítulo siguiente.

Jon 4,1-11: El viaje interior de Jonás

[1]Jonás se disgustó y se indignó profundamente. [2]Y rezó al Señor
en estos términos: –¿No lo decía yo, Señor, cuando estaba en mi tie-
rra? Por eso intenté escapar a Tarsis, pues bien sé que eres un Dios
bondadoso, compasivo, paciente y misericordioso, que te arrepientes
del mal. [3]Así que, Señor, toma mi vida, pues vale más morir que
vivir. [4]Dios le contestó: –¿Por qué tienes ese disgusto tan grande?

[5]Salió Jonás de la ciudad y se instaló al oriente. Armó una
choza y se quedó allí, a su sombra, hasta ver qué pasaba con la
ciudad. [6]Dios hizo que una planta de ricino surgiera por encima de
Jonás, para dar sombra a su cabeza y librarlo de su disgusto. Jonás
se alegró y se animó mucho con el ricino.

[7]Pero Dios hizo que, al día siguiente, al rayar el alba, un gusa-
no atacase al ricino, que se secó. [8]Cuando salió el sol, hizo Dios
que soplase un recio viento solano; el sol pegaba en la cabeza de
Jonás, que desfallecía y se deseaba la muerte: «Más vale morir que
vivir», decía.

[9]Dios dijo entonces a Jonás: –¿Por qué tienes ese disgusto tan grande por lo del ricino? Él contestó: –Lo tengo con toda razón. Y es un disgusto de muerte. [10]Dios repuso: –Tú te compadeces del ricino, que ni cuidaste ni ayudaste a crecer, que en una noche surgió y en otra desapareció, [11]¿y no me he de compadecer yo de Nínive, la gran ciudad, donde hay más de ciento veinte mil personas, que no distinguen la derecha de la izquierda, y muchísimos animales?

El versículo 1 de este cuarto capítulo es meridianamente claro. Sin paños calientes, nos presenta la reacción de Jonás ante la misericordia que Dios tuvo con Nínive, una reacción de gran desagrado e indignación. Por tanto, no parece tan descabellado suponer que, mientras anunciaba la Palabra, Jonás esperaba en su corazón que quedara sin efecto; que la predicación no produjera el fruto de la conversión en el corazón de los destinatarios. Una reacción, por otra parte, muy humana. Al fin y a la postre, Nínive era el gran enemigo de Israel; había segado la vida de tantos jóvenes del pueblo elegido y seguía desangrando las arcas del reino, privando de lo necesario a tantas familias que vivían de su propio sudor. ¿Cómo culpar, pues, a nuestro profeta, obligado por Dios a actuar en favor de los que habían sido la causa de tantos males para Israel?

Jonás no hace ningún misterio de sus intenciones y convicciones, declarando que sabía bien cómo acabaría todo y que justamente por eso había huido a Tarsis cuando recibió por primera vez la llamada a la misión profética. Su discurso es muy interesante. Aparentemente, es un paladín de la coherencia y la sinceridad, porque no oculta sus motivaciones ni el estado de ánimo que las acompaña. Sin embargo, a la hora de la verdad demuestra no haber cumplido ese viaje interior que Dios le había llamado a hacer al encomendarle la misión profética. El Señor le había llamado a levantarse y partir, dejando atrás sus propias ideas y convicciones; él demuestra, al final de la misión, que nunca ha abandonado su propio punto de vista, y que sigue estando sólidamente afincado en el punto de partida.

Todo esto bien mirado, nos sale espontáneo preguntarnos: pero, ¿cuál es el verdadero problema? ¿Qué es lo que el profeta estaba llamado a cambiar y no hizo? Si intentamos leer la historia con ojos de Dios, nos damos rápidamente cuenta de que Jonás está invitado a cambiar no sólo y no tanto su actitud hacia el enemigo histórico, a saber, Nínive; más bien, ¡está llamado a cambiar por completo la idea de Dios que hasta entonces había tenido! Lo vemos bastante claramente a través de sus palabras y razonamientos, pues Jonás dice: *Por eso intenté escapar a Tarsis, pues bien sé que eres un Dios bondadoso, compasivo, paciente y misericordioso, que te arrepientes del mal*. Lo que Jonás no puede soportar no es cualquier característica de Dios, sino su esencia misma. Al respecto, vale recordar que, cuando Moisés le pide que le muestre su gloria, Dios se describe a sí mismo como *compasivo y misericordioso, lento a la ira y rico en clemencia y lealtad, que mantiene la clemencia hasta la milésima generación, que perdona la culpa, el delito y el pecado* (Ex 34,6-7). El problema radica, pues, en que Jonás se había creado un Dios a su imagen y semejanza, por así decirlo: un Dios dispuesto a juzgar y condenar, a destruir y aniquilar; un Dios parcial, que toma partido a favor de unos y en contra de otros. En cambio, Dios resulta ser lo contrario de lo que Jonás imagina y espera; cosa que el profeta no tolera, hasta el punto de llegar a pedir la muerte. A todas luces, se trata de una reacción infantil, como la de un niño que pierde y, por despecho, decide destruir el juego. Por otro lado, es una reacción profundamente humana, en la que –si somos un poco sinceros– no nos cuesta demasiado reconocernos.

La reacción de Dios ante la pataleta de Jonás es muy interesante. No arguye para convencerle; no enumera todos los argumentos en los que se basa el profeta para demostrar que se equivoca; no refuta sus afirmaciones, mostrando que la verdad está en otra parte. Se limita a decir: *¿Por qué tienes ese disgusto tan grande?* ¡Maravillosa demostración de delicadeza y respeto por la libertad del hombre, ante la cual el Omnipotente decide hacerse impotente! Dios no impone nada a Jonás; más bien le invita a la introspección, a otro viaje interior, para que se dé cuenta de lo acertado o erróneo de su razonamiento.

En su diálogo con el hombre, Dios no recurre a la contundencia del signo de exclamación, sino más bien a la delicadeza de un signo de interrogación. No se complace con imponer la verdad, quiere más bien que florezca en el corazón del profeta. ¡Otra maravillosa manifestación de la bondad y la misericordia de Dios!

El relato continúa con una ejemplificación de sabor midrásico, que sirve para mostrarnos aún más el corazón, los sentimientos y la forma de razonar de Jonás. La descripción de la alegría del profeta al ver crecer la planta de ricino no puede dejar de tener un rasgo irónico, típico del género literario. A nivel narrativo, sirve para subrayar aún más lo absurdo y erróneo de la forma de actuar de un personaje que es incapaz de alegrarse por la buena fortuna de miles de personas, ¡mientras que se muestra capaz de alegrarse por la suerte de un vegetal!

También en este caso, la enseñanza importante – la moraleja, diríamos– se encuentra en las palabras de Dios, que rematan el relato dejándolo deliberadamente abierto, sin una clara conclusión. De hecho, también aquí, como en la intervención anterior, el discurso divino no termina con un punto final, sino con un signo de interrogación. El lector –asumiendo el papel de Jonás– se ve obligado a suplir esta deficiencia (deliberada) de la narración tomando posición; reconociendo que, en palabras de tantos otros profetas, Dios no es un hombre. Que la acción divina queda lejos de la lógica humana. Que la conversión es algo que concierne a todos, incluso a quienes pretenden salvarse por el mero hecho de pertenecer al pueblo de Dios, como Jonás.

Una historia, la de Jonás, con un mensaje muy claro. Su experiencia nos revela la pequeñez de nuestro corazón, plagado de envidias que nos impiden alegrarnos del bien que Dios hace para con los demás, como si ese bien nos privara de algo; como si la misericordia de Dios no fuera un tesoro inagotable, a disposición de quien esté dispuesto a acogerlo y aceptarlo.

Concluimos nuestra escucha de la experiencia de Jonás volviendo idealmente a las palabras del padre misericordioso del evangelio de Lucas, que se dirige a su hijo mayor diciéndole: *Hijo, tú estás siempre conmigo y todo lo mío es tuyo; pero debes alegrarte y regocijarte, porque este hermano tuyo estaba muerto y ha vuelto a la vida, estaba perdido y ha sido encontrado* (Lc 15, 31-32).

Esta es la preciosa imagen de Dios que nos ofrece el librito de Jonás, cuya vida nos ha permitido poner de relieve otro aspecto del rostro de Dios y de su mirada misericordiosa sobre la vida humana.

Segunda Parte

La sonrisa de Dios en los ojos de Jesús

(Nuevo Testamento)

V

LAS MIRADAS QUE CAMBIARON LA VIDA DE PEDRO

(Jn 1,35-42; Lc 22,54-62)

[35]Al día siguiente, estaba Juan con dos de sus discípulos y, [36]fijándose en Jesús que pasaba, dice: «Este es el Cordero de Dios». [37]Los dos discípulos oyeron sus palabras y siguieron a Jesús. [38]Jesús se volvió y, al ver que lo seguían, les pregunta: «¿Qué buscáis?». Ellos le contestaron: «Rabí (que significa Maestro), ¿dónde vives?». [39]Él les dijo: «Venid y veréis». Entonces fueron, vieron dónde vivía y se quedaron con él aquel día; era como la hora décima. [40]Andrés, hermano de Simón Pedro, era uno de los dos que oyeron a Juan y siguieron a Jesús; [41]encuentra primero a su hermano Simón y le dice: «Hemos encontrado al Mesías (que significa Cristo)». [42]Y lo llevó a Jesús. Jesús se le quedó mirando y le dijo: «Tú eres Simón, el hijo de Juan; tú te llamarás Cefas (que se traduce: Pedro)».

El primer paso en búsqueda del rostro de Dios que resplandece en los ojos y en la mirada de Jesús nos sitúa ante la figura de Pedro. Como uno de los doce apóstoles, fue una de las personas que más pudo vivir la experiencia única e irrepetible de fijar su mirada en el rostro del Señor Jesús, pero sobre todo de ser mirado por Él. Nos centraremos en dos episodios de la vida de Pedro que considero fundamentales para comprender la fuerza de ese diálogo silencioso que brota de cualquier encuentro de miradas.

El primer pasaje está tomado de las primeras líneas del evangelio de Juan. El relato se abre con una referencia temporal muy precisa (*Al día siguiente*, v. 35), lo que significa que existe una conexión con lo que precede. En efecto, Juan el Bautista había proclamado en el v. 30: *Tras de mí viene un hombre que está por delante de mí, porque existía antes que yo*. Justamente en nuestro pasaje se realiza el adelantamiento del que habla Juan, por parte de Jesús. Prueba de ello es el hecho de que los discípulos, que hasta entonces habían seguido al Bautista, de ahí en adelante siguen a Jesús, reconociendo en él al Mesías que Juan había anunciado.

Lo que parece a todas luces una traición del antiguo maestro por un nuevo y desconocido rabí de Galilea, es el signo más claro del éxito total de la predicación de Juan. Él, en efecto, no se cansaba de repetir que no era más que la voz, el mensajero enviado para anunciar la venida de aquel que había de venir. Si los discípulos se hubieran quedado con Juan, no habrían captado el núcleo de su mensaje. Entremos, pues, en el análisis del pasaje.

La referencia temporal del v. 35 se refiere al encuentro entre Juan y aquel a quien el Bautista señala como el Cordero de Dios (vv. 30-34). Juan es presentado de forma estática[1], pues de él se dice que está en el mismo lugar que en días anteriores, lo que indica fidelidad a su misión. Sólo se moverá cuando le arresten, así cumpliendo definitivamente la misión de precursor del Mesías en el martirio y en el don de la vida. Juan va acompañado de dos discípulos, personas que han escuchado su anuncio y compartido su experiencia hasta ese momento. El clima general es de expectación; mientras que Juan ya ha reconocido en Jesús al Mesías que ha de venir, los discípulos aún no lo han conocido y esperan, por tanto, el cumplimiento de las palabras del Bautista.

El v. 36 nos sitúa ante el segundo encuentro entre Jesús y Juan, siendo que el primero había tenido lugar el día anterior. Subrayo que el verbo utilizado es el mismo que nos guiará a lo largo de nuestra reflexión, a saber, *emblepo* (fijar la mirada); en este caso, es Juan quien fija su mirada en Jesús y lo reconoce como Mesías. En el

1. El tiempo del verbo griego es un pluscuamperfecto, que, en griego antiguo, como en muchos otros idiomas, se utiliza para expresar una acción que se había completado antes de otro punto en el pasado.

lenguaje evangélico, fijar la mirada significa entrar en la intimidad de una persona, reconocer su verdadera naturaleza más allá de las apariencias. Si esta capacidad se aplica a un hombre como Juan, ¡imaginemos cuánto más se aplica a Jesús!

Juan, fijando su mirada en Jesús que se acerca, lo proclama Cordero de Dios en presencia de dos discípulos. Se trata de la comunicación de una verdad fundamental. Juan entrega a sus discípulos la verdad sobre Cristo, preanunciando el sentido de su venida entre los hombres, pues Jesús fue enviado por Dios para cargar con el pecado del mundo. De hecho, aunque este versículo no explicite este contenido, hay una clara referencia al pasaje anterior en el que se utiliza el verbo *áiro*, que significa primariamente llevar sobre los hombros. La comunicación de esta verdad a los discípulos logra su pleno efecto, como se muestra en el v. 37 donde se nos comunica que ellos, después de oír las palabras de Juan, siguieron a Jesús.

La siguiente escena de este episodio nos presenta el encuentro entre Jesús y los dos discípulos. Antes del diálogo entre los tres, hay un intervalo de silencio, en el que los discípulos siguen a su nuevo maestro sin tener el valor de hablarle y –sobre todo, dado el tema que estamos tratando– de mirarle a la cara. De hecho, el texto nos dice que Jesús, antes de hablarles, se da la vuelta; hasta ese momento, los tres están en dimensiones distintas.

Jesús se da la vuelta. Como hemos visto en el comentario al texto profético de Oseas, en el mundo veterotestamentario este verbo (en hebreo *šub)* indica la conversión, y no pocas veces se utiliza para expresar un movimiento recíproco del hombre hacia Dios (lo cual es bastante normal y esperable), pero también de Dios hacia el hombre. Qué hermoso es pensar que no sólo el hombre se convierte a Dios, ¡sino que Dios precede a este movimiento, lo acompaña y lo apoya, volviéndose hacia el hombre! Es lo que hace Jesús, poniendo fin a la falta de comunicación que, hasta ese momento, le separa de sus dos nuevos discípulos.

Jesús pregunta explícitamente qué buscan los discípulos; qué esperan de él, qué creen que les puede dar. Esta pregunta sugiere que no todo discipulado es auténtico, que no todos los discípulos están movidos por buenas intenciones por el mero hecho de salir en pos del maestro. La respuesta de los discípulos está contenida en el título con el que se dirigen a Jesús: le llaman *rabí*, sugiriendo que desean situarse en su escuela. Ahora bien, siendo que en aquella época la relación maestro-discípulo no se limitaba al adoctrinamiento, sino que implicaba compartir la vida, los discípulos preguntan dónde deben fijar su morada a partir de entonces. La respuesta de Jesús (*venid y veréis*) muestra su disposición a acogerlos en su escuela; pero, al mismo tiempo, apela a la responsabilidad, invitándoles no sólo a ir, sino también a ver. Este segundo verbo indica algo más que echar un vistazo, significa tener una experiencia concreta, ser testigos directos de lo que quiere decir estar con Jesús.

Quisiera abrir un pequeño paréntesis sobre el lugar donde habita Jesús, el lugar que los discípulos tendrán que aprender a reconocer como su casa. En el marco teológico del cuarto evangelio, el discurso es bastante claro, ya que el prólogo afirma claramente que *la Palabra de Dios se hizo carne y acampó entre nosotros* (1,14). Por consiguiente, el hogar de Jesús, Palabra hecha hombre, ¡es la humanidad misma! Y el que quiera ser discípulo de Jesús tiene que tener a la humanidad como casa.

Otro elemento que nos ayuda a comprender mejor dónde está la morada de Jesús y, por tanto, la nueva casa de los discípulos, se vislumbra tras la invitación a ver. Se ve lo que está en la luz, y por tanto –dado que en el cuarto evangelio la antítesis luz-oscuridad es una constante, desde el prólogo en adelante– el lugar donde habita Jesús es lo contrario de la oscuridad, representada por el rechazo del mensaje cristiano.

Más allá de esta indicación teológica del lugar donde vive Jesús, el v. 39 nos dice que los discípulos fueron a ver dónde moraba materialmente y se quedaron con él desde aquel día. El evangelista registra la hora del comienzo de esta aventura, la aventura de la comunidad de los que pertenecen a Cristo. Era la hora décima, es decir, las cuatro de la tarde. Estamos, pues, muy cerca de la hora de la puesta del sol (en esa cultura, la hora duodécima, las seis de la tarde), que marcaba el comienzo de un nuevo día. Es el comienzo de una nueva humanidad, el paso de lo antiguo a lo nuevo, del antiguo Israel a la Iglesia.

Por último, el relato nos presenta la figura de Pedro a través de su hermano Andrés, uno de los dos discípulos que siguieron a Jesús. El versículo 41 nos dice que Andrés fue a buscar *primero a su hermano*. En esta expresión se refleja toda la prisa y el entusiasmo de quien ha hecho un descubrimiento sensacional, ha tenido una experiencia tan hermosa y estremecedora que no puede guardársela para sí. Andrés tiene una necesidad casi física de transmitir la alegría del encuentro con el Mesías, y lo hace en primer lugar con su hermano de sangre, Simón.

Natural de Betsaida, cerca de Cafarnaúm, a orillas del lago de Galilea, en aquel momento Simón estaría ocupado con su trabajo de pescador. Es interesante observar que no dice nada a su hermano que se le acerca anunciándole un hecho bastante desconcertante – *¡Hemos encontrado al Mesías!* –; sin embargo, está dispuesto a seguirle para ir a ver a Jesús. Por lo general, la imagen que los evangelios nos presentan de Simón Pedro no es ciertamente la de un seguidor, la de alguien acostumbrado a seguir la corriente; no obstante, en este primer momento manifiesta una docilidad que resulta inesperada en comparación con su actitud general. Andrés lo conduce hacia Jesús, que fija su mirada en Simón. Como hemos dicho antes, es una mirada capaz de penetrar en el corazón del hombre y leer lo más íntimo de su ser, tal y como hizo Juan cuando reconoció en Jesús al Cordero de Dios. A partir de ese momento, a raíz de esa mirada, la vida de Simón cambia por completo. Y el signo más elocuente de este cambio radical es el nuevo nombre con el que será llamado: Pedro, la roca. Un nombre que –como siempre en la Biblia– indica la naturaleza del carácter del que lo lleva: ciertamente sólido, ¡pero también obstinado y tozudo!

El encuentro de Pedro con Jesús es muy singular. No hay una verdadera llamada, ni una invitación a seguirle como en el caso de los otros dos discípulos. Sólo hay un intercambio de miradas. Jesús penetra con su mirada en el interior de Simón, y esa mirada de

Jesús cambia la vida de Pedro, el cual se queda con el Maestro sin decir una palabra siquiera. Mientras los dos discípulos reconocen en Jesús al rabí, Pedro no es capaz todavía de hacer una profesión explícita de fe en el hombre de Galilea que acaba de fijar en él su mirada. Y esta consideración nos lleva al paso siguiente, al otro intercambio de miradas que –al igual o más que este primero– terminó cambiando por completo la vida de Pedro.

* * *

[54]Después de prenderlo, se lo llevaron y lo hicieron entrar en casa
del sumo sacerdote. Pedro lo seguía desde lejos. [55]Ellos encendieron
fuego en medio del patio, se sentaron alrededor, y Pedro estaba sen-
tado entre ellos. [56]Al verlo una criada sentado junto a la lumbre, se
lo quedó mirando y dijo: «También este estaba con él». [57]Pero él lo
negó diciendo: «No lo conozco, mujer». [58]Poco después, lo vio otro y
le dijo: «Tú también eres uno de ellos». Pero Pedro replicó: «Hombre,
no lo soy». [59]Y pasada cosa de una hora, otro insistía diciendo: «Sin
duda, este también estaba con él, porque es galileo». [60]Pedro dijo:
«Hombre, no sé de qué me hablas». Y enseguida, estando todavía él
hablando, cantó un gallo. [61]El Señor, volviéndose, le echó una mira-
da a Pedro, y Pedro se acordó de la palabra que el Señor le había
dicho: «Antes de que cante hoy el gallo, me negarás tres veces». [62]Y,
saliendo afuera, lloró amargamente.

Muy diferente es el contexto de este segundo pasaje. Primero por el hecho de que nos encontramos dentro de otro evangelio, el de Marcos; y segundo porque está tomado de los últimos momentos de la vida terrena de Jesús, mientras que el primero pertenecía a sus comienzos.

El v. 54 nos introduce brutalmente en la escena del arresto de Jesús, descrita en los versículos anteriores. De hecho, el episodio anterior (vv. 47-53) tiene una función fundamental en la comprensión del presente pasaje, pues se trata de la entrega de Jesús por uno de los suyos, Judas, que lo traiciona con un beso. El tema de la traición continúa en este relato, que tiene a Pedro como protagonista. Es interesante observar que todos los demás personajes desempeñan un papel más bien secundario en el relato. Sobre todo, nunca se nombra directamente a Jesús; se alude al sumo sacerdote sin nombrarle explícitamente; los diversos criados que intervienen en la historia son todos anónimos. Lejos de ser casualidad, se trata de una técnica narrativa empleada por el evangelista para centrar la atención del lector en quien –a pesar suyo– se convierte en el protagonista de la historia, a saber, Pedro.

La tradición ha sintetizado la historia de la negación del apóstol en tres micro-episodios sucesivos, cuyo desarrollo se repite esquemáticamente: hay una sirvienta, otro criado y un tercer hombre (posiblemente otro de los sirvientes) que ven a Pedro y lo reconocen como seguidor de aquel Galileo que se había metido en líos aquella noche. Pedro da a los tres la misma respuesta, aunque varía en la forma: *No le conozco... no soy de ellos... no sé de qué me hablas*. Son palabras muy pesadas, las de Pedro. En particular, observamos el doble recurso al verbo griego *óida*, que significa generalmente conocer, pero que también se utiliza como perfecto del verbo *oráo*, que significa ver. Puesto que el tema de nuestra reflexión trata precisamente de ver, parece significativo recordar este hecho: Pedro declara no haber visto a Jesús y, por lo tanto, no conocerle. Puede que no esté mintiendo del todo. Pese a que pasara tres años de su vida físicamente a su lado, le falta una experiencia auténtica, verdadera, profunda de Jesús. En el fondo, no le conoce todavía.

La triple negación de Pedro nos devuelve al tema del pasaje anterior, sobre los comienzos del discipulado. Pedro, al principio, no se adhiere explícitamente a Jesús y las consecuencias se ven en el momento más difícil, en la prueba más grande. Ante la exigente demanda de testimonio, Pedro huye, niega, traiciona. Si lo pensamos bien, tal y como Judas, no de otra manera. Las miradas suspicaces de unos sirvientes bastan para ponerle en crisis. Y mira que no se trata de la mirada penetrante del que había cambiado su vida; eran ciertamente miradas atentas (como sugiere el verbo griego *atenizo*), pero, de por sí, no tenían la fuerza de penetrar en lo íntimo.

Esa mirada potente reaparece en el v. 61, que marca la entrada en la escena de Jesús, solemnemente definido *Kyrios*, el Señor. Recordemos el texto: *Y el Señor se volvió y fijó su mirada en Pedro; y éste se acordó de las palabras del Señor...* El contexto se hace solemne por la doble mención de la expresión *o Kyrios*, el Señor. Jesús que fija su mirada en Pedro no es simplemente un rabí, sino el Señor. Por lo tanto, Dios. Ese Dios mismo a quien Pedro fue incapaz de reconocer, negándole tres veces para salvarse el pellejo.

Significativamente, una vez más vemos a Jesús que se da la vuelta. Al igual que en el relato de la secuela, Jesús se vuelve hacia su apóstol, aunque en este caso el apóstol no viene detrás de él. Como en el primer encuentro, hay un intenso intercambio de miradas. El Señor clava su mirada en los ojos de Pedro, esta vez sin decir nada. Y Pedro, a diferencia de la primera vez, esta vez sí comprende. Recuerda – con toda la fuerza del verbo *re-cor-dare* que significa literalmente devolver el corazón, o sea revivir sentimientos, emociones, encuentros, circunstancias. Y llora amargamente, porque comprende que ha traicionado a quien había hecho de él la roca sobre la que iba a fundar su Iglesia.

Dos miradas, dos momentos fundamentales en la vida de Pedro. Tal vez, dos momentos de una mirada única, constante, que abarca toda la existencia del pobre pescador de Galilea y lo transforma lentamente. Me gusta pensar, al final de esta reflexión, en la dulzura de la mirada de Jesús a Pedro. Incluso en el momento en que revela a Pedro su debilidad, Jesús no le condena, sino que le hace comprender que le ama de verdad, con toda su fragilidad. Más aún, a raíz de esa debilidad y fragilidad.

Se trata de una palabra de gran aliento para cada uno de nosotros. Por muy grandes que sean nuestros pecados, hay una mirada de compasión que espera cruzarse con la nuestra para rehabilitarnos, para brindarnos una nueva oportunidad. Para hacer de nosotros algo grande, como hizo con Pedro. Él, el pescador pecador en quien Jesús fijó su mirada para transformarlo en pescador de hombres.

VI

LA MIRADA QUE NO CAMBIÓ LA VIDA DEL "JOVEN RICO"

(Mc 10,17-27)

[17]Cuando salía Jesús al camino, se le acercó uno corriendo, se arrodilló ante él y le preguntó: «Maestro bueno, ¿qué haré para heredar la vida eterna?». [18]Jesús le contestó: «¿Por qué me llamas bueno? No hay nadie bueno más que Dios.[19]Ya sabes los mandamientos: no matarás, no cometerás adulterio, no robarás, no darás falso testimonio, no estafarás, honra a tu padre y a tu madre». [20]Él replicó: «Maestro, todo eso lo he cumplido desde mi juventud».[21]Jesús se quedó mirándolo, lo amó y le dijo: «Una cosa te falta: anda, vende lo que tienes, dáselo a los pobres, así tendrás un tesoro en el cielo, y luego ven y sígueme». [22]A estas palabras, él frunció el ceño y se marchó triste porque era muy rico. [23]Jesús, mirando alrededor, dijo a sus discípulos: «¡Qué difícil les será entrar en el reino de Dios a los que tienen riquezas!». [24]Los discípulos quedaron sorprendidos de estas palabras. Pero Jesús añadió: «Hijos, ¡qué difícil es entrar en el reino de Dios! [25]Más fácil le es a un camello pasar por el ojo de una aguja, que a un rico entrar en el reino de Dios». [26]Ellos se espantaron y comentaban: «Entonces, ¿quién puede salvarse?». [27]Jesús se les quedó mirando y les dijo: «Es imposible para los hombres, no para Dios. Dios lo puede todo».

Después de haber escuchado la experiencia de Pedro, nos encontramos con un nuevo personaje en algunos aspectos bastante cercano a los pescadores de Galilea que tratamos en la anterior reflexión; pero, en otros, muy alejado de ellos.

Se trata de un hombre cuyo nombre el evangelio no nos proporciona. Ni siquiera en las narraciones paralelas encontramos tal indicación, pues se refieren a él simplemente como "uno" (Mt 19,16) o "uno dc los jefes" (Lc 18,18). La tradición lo ha identificado con un joven, y esto es bastante curioso, ya que no hay ninguna indicación explícita en el texto que apunte en esta dirección. La única referencia pálida que podría llevarnos a pensar que no se trate de un anciano se desprende de las acciones que realiza y, sobre todo, de la forma en que las realiza. En efecto, el v. 17 nos dice que corrió hacia Jesús y se arrodilló ante él, ambas acciones que son más propias de un joven atlético que de un anciano con reumatismo. Pero, más allá de esto no podemos ir. Ésta es la única información algo biográfica acerca del personaje sobre el que brilla, por un momento, el foco de la escena evangélica.

Antes de acercarnos aún más a este personaje, demos un paso atrás en el análisis y observemos la actitud de Jesús en ese momento. El texto nos dice que *salía al camino*. El tiempo del verbo utilizado para describir esta situación es muy importante: es un imperfecto, que no indica una acción puntual, concluida, sino una acción continuada en el pasado. Por tanto, podemos considerar que la actitud de Jesús que nos presenta el relato es una actitud dinámica, no estática. Jesús está en continua tensión hacia el punto de llegada de su camino terreno, es decir, Jerusalén, lugar del cumplimiento de la misión que el Padre le ha confiado. En ese mismo camino se encuentra con varias personas, que llama hacia sí para orientarlas en el camino de la voluntad divina.

La imagen de Jesús que camina nos ayuda a situar el pasaje en un contexto de seguimiento, como confirman una serie de indicaciones que analizaremos a continuación. Detengámonos en primer lugar en las acciones de nuestro hombre: *habiéndosele acercado corriendo, habiéndose arrodillado ante él, le preguntaba*. Mientras que los dos primeros verbos son participios aoristos, es decir, dos verbos subordinados, el tercero (*preguntaba*) es un imperfecto y, por lo tanto, es el verbo principal, causando que los demás verbos dependan de él. Veamos el significado de estas especificaciones.

Aparte de que –como hemos dicho– correr y arrodillarse pueden o no hacernos creer que se trata de un joven, lo cierto es que indican actitudes muy precisas. La acción expresada por el primer participio (*habiéndosele acercado corriendo*) puede positivamente indicar diligencia y un profundo deseo de hacer algo; por otra parte, puede negativamente indicar falta de paciencia, incapacidad de esperar el momento oportuno y de aceptar la ley de la gradualidad, terminando por adelantarse a los acontecimientos y precipitarse. El segundo participio (*habiéndose arrodillado ante él*) expresa sin duda una actitud de súplica, propia de quien impetra algo de alguien a quien reconoce como superior a sí mismo. No obstante, también en este caso la valencia del gesto puede ser doble, pues se trata de discernir entre la sinceridad o la complacencia que mueven al hombre a comportarse así.

Ciertamente, ambos verbos insinúan cierta teatralidad en las acciones del personaje. No se contenta con entrar en diálogo con Jesús, sino que quiere ocupar toda la escena y ser el protagonista.

Llegamos por fin al verbo principal que describe el actuar del hombre, que es muy interesante. En cuanto al significado, se trata de un verbo compuesto (*eperotáo*) que indica una pregunta precisa, no una simple petición; para entendernos, es el verbo que utilizan los alumnos para formular una pregunta al maestro. En cuanto a la forma, sabemos que el imperfecto indica un tiempo prolongado, no una acción puntual; lo que significa que, probablemente, las preguntas eran muchas y variadas.

Detengámonos ahora a reflexionar sobre las palabras del supuesto joven. Se dirige a Jesús llamándole maestro bueno. Ciertamente, no se trata de una definición común, pues, normalmente, se estilaba referirse al maestro llamándolo simplemente rabí. El hecho de que el joven añada el adjetivo "bueno" al título común quizá pueda entenderse mejor en referencia a su gesto anterior, el arrodillarse ante Jesús. Está claro que se trata de un maestro excepcional, dado que no era costumbre arrodillarse ante los rabíes, y esta excepcionalidad es sancionada por el joven mediante el uso del adjetivo bueno. Más allá del epíteto utilizado para definir al maestro, sobre el que volveremos a detenernos al tratar de la respuesta de Jesús, es interesante ver el contenido de la pregunta: *¿Qué debo hacer para heredar la vida eterna?* Ciertamente, una pregunta fuera de lo común, al menos en nuestra manera de pensar. ¿Quién se levanta por la mañana pensando en cómo heredar la vida eterna? Si somos sinceros, deberíamos reconocer que no es nuestra principal preocupación. ¿Por qué, entonces, este joven tiene esta preocupación en su corazón?

Podemos entender mejor esta cuestión si nos fijamos en el Antiguo Testamento. En Lv 18,5 leemos: *Guardad mis preceptos y mis normas. Quien los cumpla, vivirá gracias a ellos.* Encontramos reflejado en estas palabras el objeto de la preocupación del joven y a lo mejor esto hace que comprendamos un poco más su origen. El joven era una persona –como descubrimos leyendo la continuación del relato– acostumbrada a enfrentarse a las exigentes demandas de la observancia de la Ley y había aprendido desde niño que en el cumplimiento de los preceptos de la Torá encontraría la vida. Precisamente por eso, la pregunta que plantea a Jesús se hace aún más interesante. Evidentemente, el joven siente que lo que ha venido haciendo hasta entonces –es decir, el cumplimiento puntual de todos los preceptos de la Ley– no le satisface plenamente, no es suficiente para colmar su ansia de plenitud.

La respuesta de Jesús es un tanto desconcertante: *¿Por qué justo a mí me llamas bueno? Nadie es bueno sino Dios sólo.* La ligera modificación que he introducido en la traducción más común sirve, en este caso, para resaltar el énfasis del texto en el pronombre personal, que en griego está en posición enfática, precisamente para señalar su valor. No debió ser fácil incluso para los primeros cristianos entender el sentido de esta respuesta (en realidad, una contra-pregunta) de Jesús, hasta el punto de que Mateo la cambia por: *¿Por qué me interrogas sobre lo que es bueno?* Situando la pregunta en el marco del evangelio de Marcos, en el que el tema de la centralidad de Dios Padre es muy fuerte y sentido, creo que las palabras de Jesús puedan entenderse como declaración de que Dios es la fuente de toda bondad, el único bien verdadero y la suma de todo bien. Si Jesús ni siquiera se atribuye a sí mismo el apelativo de bueno, es para aleccionar a aquel joven que, al fin y al cabo, se consideraba a sí mismo bueno porque hacía buenas obras, porque observaba la Ley. Sí, tal vez sea precisamente ésta la clave para entender estas extrañas palabras de Jesús: Dios es la única fuente de todo don, con mayor razón del don de la vida eterna.

Por otra parte, la actitud de fondo del supuesto joven se adivina también por el tema de su pregunta. Interroga a Jesús sobre qué debe hacer, dando a entender que, en su opinión, la consecución de la vida eterna está ligada a la entrega de uno mismo en obrar buenas acciones y por ende es alcanzable con las propias fuerzas. El maestro, por tanto, comienza su lección volviendo a colocar a Dios en el centro de todo.

Aparentemente, el discurso de Jesús continúa al mismo nivel que el de su interlocutor. De hecho, en el v. 19 Jesús menciona aquellos mandamientos de la Ley[1] de los que el joven afirmará ser un experto desde su juventud (v. 20). En realidad, Jesús utiliza este pasaje para llegar al núcleo de su enseñanza al joven, que se expresará en el versículo siguiente. Sin embargo, no podemos pasar por alto el hecho de que en el v. 19 el joven se dirige a Jesús por segunda vez llamándole simplemente maestro; ya no maestro bueno, sino sólo maestro. ¿Acaso haya captado el sentido profundo de la primera enseñanza de Jesús?

El v. 21 representa la culminación ideal de toda la narración, y por lo tanto será conveniente que lo analicemos con especial atención. Comencemos con examinar las acciones de Jesús, que son tan importantes como las palabras que luego pronuncia: *Jesús, fijando en él su mirada, le amó y le dijo*. La primera acción es ya bien conocida: Jesús fija su mirada en el joven, con el resultado de que no sólo entra en su interior y lee su corazón, sino que abre la puerta a un diálogo profundo. Jesús quiere, a través de esa mirada, admitirlo en un nivel de intimidad hasta entonces desconocido para el joven.

1. Destacamos que Jesús no menciona en su discurso todos los mandamientos, sino que se ciñe a los que conforman la llamada "segunda tabla", es decir, los que se refieren a las relaciones con el prójimo.

Quiere hacer de él su discípulo, uno de los suyos, un íntimo. Por eso la acción de mirar va acompañada del verbo amar, al punto que podríamos decir que los dos verbos forman una hendíadis y deben, por tanto, mantenerse juntos en la traducción e interpretación[2]. Incluso el tercer verbo pronunciado por Jesús es cualquier cosa menos trivial, ya que el decir de Jesús implica no sólo una banal emisión de aliento, sino que es una obra creadora. Él, el Verbo hecho carne, con su palabra es capaz de crear, de plasmar.

Dadas estas premisas, cabría esperar un desenlace similar a muchos otros que encontramos en el Evangelio, en los que la palabra de Jesús combinada con su mirada amorosa cambia por completo la vida de las personas y las transforma en hombres y mujeres nuevos. Pero, no. Esta vez, no. Jesús le dice al joven que falta de algo; y ese algo marca la diferencia, le impide acoger el poder de la mirada de Jesús y ser transformado por ella. El apego a las posesiones –que representan el fruto del activismo que el joven ha expresado incluso en su pregunta sobre qué hacer para obtener la vida eterna– le corta el paso, le excluye de la intimidad con Jesús, al punto que no le queda otra que darse media vuelta y marcharse, con gran tristeza en el corazón. La imagen descrita por el verbo griego *stygnazo*, utilizado en otro lugar para describir el oscurecimiento del cielo antes de una gran tormenta y aquí utilizado para describir el rostro del joven, que se oscurece por la decepción y la tristeza, es muy fuerte y a la vez reveladora de lo que realmente ha pasado.

No hay alegría porque no ha habido un verdadero encuentro. El apego del joven no tanto a los bienes materiales, como al bien absoluto que él mismo creía ser, termina neutralizando la fuerza de la mirada amorosa de Jesús. Debemos detenernos en este hecho, comprenderlo muy bien. Por muy poderosa que sea la mirada amorosa de Jesús, nada puede contra la dureza de corazón del joven, que no se deja amar. No se deja conducir. Le cierra la puerta a la

2. Para comprender la unidad intrínseca entre estas dos realidades, podríamos traducir la expresión con las palabras: "Le miró con mirada amorosa y le dijo".

salvación. Esto nos recuerda la responsabilidad que tenemos como seres libres, capaces de elegir entre el bien o el mal. No podemos pensar en delegar esta elección, esperando que Dios lo haga todo, ¡incluida nuestra parte! El joven se lo juega todo porque apuesta por algo tanto efímero como erróneo. Y lo pierde todo.

La última escena de esta historia nos presenta a Jesús y a sus discípulos. Podemos fácilmente adivinar el estado de ánimo del Maestro. No hay que olvidar que, además de Dios, era plenamente un ser humano y, como tal, debió de sentirse bastante decepcionado por aquel hombre, que parecía prometer mucho. Su mirada fija en los discípulos que le rodeaban y que habían presenciado la escena es un gesto muy humano. Me gusta pensar que Jesús, en ese momento, necesitaba consuelo tras el revés que había sufrido; que buscaba el apoyo de sus allegados, como hacemos cada uno de nosotros cuando salimos de una situación con los huesos más o menos rotos. Este deseo de intimidad se ve también en el apelativo que Jesús utiliza en el v. 24 para dirigirse a los discípulos: les llama hijos. Y la enseñanza sobre la riqueza ha de tomarse, en este contexto, no sólo y no tanto como una advertencia, sino como un estímulo para quienes habían actuado de forma distinta a la del joven rico habían optado por seguir a Jesús, dejando atrás el apego a su propio yo y a sus propios planes. Entendámoslo bien: Jesús no la tiene con los ricos ni con la riqueza, que en la Biblia siempre se considera un valor, es más, el signo de la bendición de Dios. Más bien, no tolera a los que confunden el Bien con los bienes y hacen de ellos ídolos.

Los discípulos, sin embargo, no parecen haber comprendido este hecho. Las palabras de Jesús les han conmovido profundamente, les han chocado por su dureza y exigencia. El v. 26 nos dice claramente que están asustados y se preguntan unos a otros: ¿Quién, pues, podrá salvarse? Analicemos bien esta pregunta que se hacen los discípulos: aunque varía en la forma, en el fondo es idéntica a la planteada por el supuesto joven, que aspiraba a saber cómo lograr la vida eterna; lo que –bien mirado– corresponde a salvarse. Los discípulos, por tanto, también parecen encontrarse en el mismo dilema, y Jesús contesta exactamente de la misma manera.

Responde primero con hechos, después con palabras. De hecho, primero fija en ellos su mirada, es decir, establece con ellos una comunicación muy profunda mediante un gesto que ya nos resulta familiar. Y, tal y como había hecho con el supuesto joven rico, Jesús vuelve a poner a Dios en el centro de la escena: *¡Imposible para los hombres, pero no para Dios! Para Dios todo es posible*. Resuenan las palabras del principio de la historia: ¡Sólo Dios es bueno!

El supuesto joven rico y su experiencia nos han ayudado a comprender cómo la mirada de Jesús puede transformar la vida de quienes se encuentran con él sólo en la medida en que haya una colaboración entre maestro y discípulos, fruto de una elección. Una elección de libertad. Una elección de amor, tan íntima como aquella mirada que Jesús dirigió al hombre que buscaba la vida eterna, pero que no estaba dispuesto a dejarse transformar por el encuentro con aquel que era la Vida, la Vida verdadera.

VII

LA MIRADA DE JESÚS SOBRE EL PADRE DEL NIÑO EPILÉPTICO

(Mc 9,14-27)

[14]Cuando volvieron a donde estaban los demás discípulos, vieron mucha gente alrededor y a unos escribas discutiendo con ellos. [15]Al ver a Jesús, la gente se sorprendió y corrió a saludarlo. [16]Él les preguntó: «¿De qué discutís?». [17]Uno de la gente le contestó: «Maestro, te he traído a mi hijo; tiene un espíritu que no lo deja hablar; [18]y cuando lo agarra, lo tira al suelo, echa espumarajos, rechina los dientes y se queda rígido. He pedido a tus discípulos que lo echen y no han sido capaces». [19]Él, tomando la palabra, les dice: «¡Generación incrédula! ¿Hasta cuándo estaré con vosotros? ¿Hasta cuándo os tendré que soportar? Traédmelo». [20]Se lo llevaron. El espíritu, en cuanto vio a Jesús, retorció al niño; este cayó por tierra y se revolcaba echando espumarajos. [21]Jesús preguntó al padre: «¿Cuánto tiempo hace que le pasa esto?». Contestó él: «Desde pequeño. [22]Y muchas veces hasta lo ha echado al fuego y al agua para acabar con él. Si algo puedes, ten compasión de nosotros y ayúdanos». [23]Jesús replicó: «¿Si puedo? Todo es posible al que tiene fe». [24]Entonces el padre del muchacho se puso a gritar: «Creo, pero ayuda mi falta de fe». [25]Jesús, al ver que acudía gente, increpó al espíritu inmundo, diciendo: «Espíritu mudo y sordo, yo te lo mando: sal de él y no vuelvas a entrar en él». [26]Gritando y sacudiéndolo violentamente, salió. El niño se quedó como un cadáver, de modo que muchos decían que estaba muerto. [27]Pero Jesús lo levantó cogiéndolo de la mano y el niño se puso en pie.

Este pasaje evangélico nos presenta a otro personaje cuyo nombre no se nos dice, tal y como ocurre con el supuesto joven rico del que nos ocupamos en la reflexión anterior. Este detalle me parece todo menos secundario. Presentar toda una historia dejando en el anonimato a uno de los personajes principales es una técnica narrativa que sirve para que el lector se identifique con la historia de ese personaje. Pongámonos, pues, a la escucha de la experiencia de este hombre; sintámonos implicados y veamos hasta qué punto puede ser relevante para cada uno de nosotros.

El pasaje está tomado una vez más del evangelio de Marcos. El contexto general consiste en una serie de episodios que giran todos en torno al seguimiento de Jesús camino de la cruz. Por eso, se considera que la sección que va desde la confesión de fe de Pedro (8,27-30) hasta la curación del ciego de Jericó (10,46-52) forma una larga y progresiva introducción al relato de la Pasión, verdadero núcleo del segundo evangelio.

La primera escena del relato presenta a los discípulos, enfrentados a una discusión en la que participan los escribas y una gran multitud. Conocemos bien a la multitud y a los discípulos de Jesús, pero quizá convenga decir algo sobre los escribas en el evangelio de Marcos. Aparecen en más de una ocasión, ya desde el principio del relato marcano, y la caracterización de este grupo es más bien negativa. En efecto, siempre se muestran críticos con la enseñanza y las obras de Jesús, por su asociación con pecadores y publicanos (cf. 2,16); llegan a decir que es un aliado de Satanás por las obras milagrosas que realiza (cf. 3,22); por último, junto con los ancianos y los sumos sacerdotes están entre los que quieren matar a Jesús (cf. 8,31). Paradójicamente, su presencia en el momento en que Jesús realiza un prodigio los convierte en testigos autorizados, a pesar suyo, del poder de Cristo y de sus obras; pero, como no tienen fe en el Maestro venido de Galilea, este mismo episodio aumentará su odio y su enemistad hacia él, terminando con provocar su muerte.

La llegada de Jesús con los tres discípulos que habían sido testigos presenciales de la transfiguración (es decir, Pedro, Santiago y Juan, según se dice en 9,2-10) provoca un cambio en la atención de la multitud y del resto de los discípulos, que interrumpen su discusión con los escribas y van al encuentro del Maestro. Es interesante ver que la pregunta que Jesús hace (*¿De qué discutís?*) no tiene un destinatario concreto, pero se supone que va dirigida a los discípulos. Dada, de hecho, la conflictiva relación que existía con los escribas, ¡es difícil pensar que Jesús se dirigiera a ellos! Sin embargo, no son los discípulos (al menos en el sentido estricto, de apóstoles) quienes toman la palabra para responder a Jesús, sino un tipo al que se le define simplemente "uno de la multitud". Desde sus primeras palabras sabemos que es el padre del muchacho que está en el centro de la discusión entre la muchedumbre, los discípulos y los escribas. Analicemos bien sus palabras: *Maestro, te he traído a mi hijo; tiene un espíritu que no lo deja hablar; [18]y cuando lo agarra, lo tira al suelo, echa espumarajos, rechina los dientes y se queda rígido. He pedido a tus discípulos que lo echen y no han sido capaces.*

En primer lugar, constatamos el hecho de que se dirige a Jesús llamándole maestro: ya hemos reflexionado anteriormente sobre este título, por lo que basta recordar algunas cosas que se refieren a lo que ya sabemos. Este hombre, al reconocer en Jesús a un maestro, se sitúa implícitamente en su escuela. Por supuesto, tiene una petición muy precisa que quiere presentar a Jesús, pero lo hace con la actitud de un discípulo. Y veremos que es precisamente su actitud la que le consigue lo que pide.

Este hombre principia su intervención diciendo haber llevado a su hijo, presa de un espíritu mudo, a Jesús. En sí mismas, sus palabras no son del todo exactas, ya que llevó a su hijo a los discípulos de Jesús, que no consiguieron curarlo. Así pues, el caso del hijo acaba en manos de Jesús sólo en un segundo momento. Este pequeño elemento puede convertirse en un indicio de la condición en la que se encontraba este padre; está verdaderamente desesperado por el sufrimiento de su hijo y podríamos decir que lo intenta todo para curarlo. Ha oído hablar de un grupo de hombres, seguidores de un galileo, que realizan milagros[1] y confía en ellos, pero

1. Efectivamente, en Mc 6,7-13 Jesús ya había transmitido a los discípulos el poder de realizar curaciones.

queda decepcionado. Cuando se da cuenta de que finalmente ha dado con el maestro, lo intenta todo y se dirige directamente a él. Podríamos decir, por tanto, que el seguimiento de este nuevo discípulo no es precisamente desinteresado; al menos en un primer momento, más que creer en Jesús, se confía ciegamente a él, consciente como es de que no tiene nada que perder, dada la gravedad de la situación de su hijo.

La descripción que hace el padre de los sufrimientos de su hijo sugiere claramente un caso que, hoy en día, calificaríamos de epilepsia. Sin embargo, los conocimientos médicos de la época no permitían calificar de problema de salud los fenómenos que acompañan a los ataques epilépticos, por lo que se consideraba que los epilépticos estaban poseídos por espíritus impuros. Esto se debía esencialmente al hecho de que los ataques convulsivos, durante los cuales el paciente queda parcialmente inconsciente, dan la sensación de un fenómeno paranormal, y la posesión diabólica se prestaba bien a explicarlo. Tras describir el caso de su hijo, el padre se queja a Jesús de la incapacidad de los discípulos para liberar al muchacho del sufrimiento.

Es interesante la respuesta de Jesús, que no se dirige al padre (que, en principio, era el que había hecho la petición), sino a todos los presentes: *¡Generación incrédula! ¿Hasta cuándo estaré con vosotros? ¿Hasta cuándo os tendré que soportar? Traédmelo.* Tal vez deberíamos traducir mejor la palabra, que la traducción común traduce por incrédula; de hecho, la palabra griega *ápistos* se compone de un alfa privativo y de *pistós*, que deriva de *pistis* (fe). Así que sería mejor decir generación sin fe, también porque la fe es el punto central de toda la historia. El matiz, por cierto, no es baladí; Jesús no pretende estigmatizar el escepticismo de los que tiene delante, sino su falta de fe, que es un asunto mucho más grave. Dicho en otras palabras, puede suceder que uno sea escéptico en cuanto a si algo se cumplirá o no; pero, carecer de fe es una condición incompatible con el seguimiento de Cristo. Esto justifica las duras palabras de Jesús, que deben entenderse como una invitación a la conversión, a creer en el Hijo de Dios, lo que es el plan teológico de todo el evangelio de Marcos, que justamente arranca con las palabras *evangelio de Jesucristo, Hijo de Dios*.

Tras la reprensión-admonición, tenemos lo que algunos consideran una segunda introducción al pasaje (v. 20). Jesús pide que le traigan al muchacho, que es presentado por el evangelista no como un enfermo, sino como un poseso y, como tal, ante Cristo manifiesta los típicos signos de alteración que encontramos en todos los relatos que presentan el encuentro entre Jesús y el Diablo[2]. La pregunta de Jesús sobre la duración del fenómeno deja entrever su compasión. Debía de ser un espectáculo terrible lo que tenía ante sí, y pregunta cuánto tiempo llevaba el muchacho padeciéndolo. La respuesta del padre confirma, por desgracia, que no se trata de un fenómeno ocasional, ya que el chico lo padece desde la infancia. Y si fuera posible, el padre aumenta la dosis, añadiendo a la respuesta sobre la duración del fenómeno la descripción de detalles horripilantes (v. 22).

Las últimas palabras del padre son muy significativas para comprender su estado de ánimo: *Si algo puedes, ten compasión de nosotros y ayúdanos*. No está nada convencido, ni mucho menos. Viene del enésimo fracaso, el de los discípulos de Jesús, y a pesar de haber oído hablar maravillas de este galileo, no es capaz de entregarse totalmente. En el fondo, el suyo, es un problema de fe. Jesús comprende bien la naturaleza de este problema y exhorta al padre del muchacho declarándole que es necesario que tenga fe: *¿Si puedo? Todo es posible al que tiene fe*. El último verbo es un participio activo del verbo *pistéuo*, lo que implica que el sujeto está llamado a realizar una acción. Como decir que creer no es algo pasivo, automático, pues la fe es una realidad viva y ¡hay que mantenerla viva! Si uno la mantiene viva puede conseguir cualquier cosa, como asegura Jesús aquí y en otros lugares del Evangelio.

La respuesta del padre a estas palabras de Jesús es conmovedora. Antes de entrar en los detalles de las palabras que pronuncia el hombre, destaquemos su actitud, sus acciones. el texto nos

2. Véanse por ejemplo Mc 1,23-26; 3,11-12; 5,6-13.

dice que respondió a Jesús *inmediatamente* y *en voz alta*. Ambas actitudes indican una vez más el amor del padre por su hijo y también el nivel de su desesperación; reacciona por impulso, de forma automática, casi irracional. A estas dos indicaciones que ofrece el texto de Marcos, añado una tomada del relato paralelo de Lc 9,38, donde el padre del epiléptico dice: *Maestro, te lo ruego, fija tu mirada en mi hijo*. Pese a que nuestro texto no lo diga explícitamente, cabe imaginar que también entre Jesús y este padre se produjo ese intenso intercambio de miradas que ha cambiado la vida de los personajes que conocimos en las reflexiones anteriores. La mirada temerosa y desesperada del padre se cruza con la mirada firme, confiada y compasiva de Jesús. En esa fracción de segundo, ambos se transmiten algo extraordinario; Jesús penetra en el corazón del hombre y suscita la fe, ese elemento indispensable para que se produzca el prodigio.

Y es precisamente la fe el núcleo de la exclamación con la que el padre del niño responde a las palabras de Jesús: *Creo, pero ayuda mi incredulidad*. Esta frase, aparentemente contradictoria, ya que afirma simultáneamente dos cosas que se excluyen mutuamente (es decir, la fe y la incredulidad), es la profesión de fe más verdadera y auténtica que registre el Evangelio. En las palabras de este padre desesperado está el hombre entero; el hombre con sus contradicciones, con sus impulsos y frustraciones; con sus promesas y decepciones. Ese hombre por el que el Hijo de Dios decidió hacerse carne y afincarse entre nosotros.

Si somos sinceros, deberíamos reconocernos en este personaje y en su fe vacilante. También nosotros estamos dispuestos a decir con palabras: ¡Creo!, para luego demostrar con hechos toda nuestra incredulidad, toda nuestra falta de fe. Pero, hay una buena noticia: ¡esto no es un límite para la acción de la gracia! Nuestra fragilidad es conocida, amada y redimida por el Padre de la misericordia.

Jesús no impugna la contradicción inherente a las palabras del padre del muchacho; más bien, acepta plenamente esa vacilante profesión de fe porque percibe su autenticidad. Y eso le basta. Nuestro Dios es un Dios un tanto extraño, ya que no mira los resultados, sino que se conforma con el esfuerzo. ¡Qué lejos estamos de esa lógica! Nosotros, siempre dispuestos a crucificar al prójimo en cuanto detectemos alguna incoherencia, algún mínimo defecto... Menos mal que Dios no actúa así con nosotros. Su mirada amorosa se fija en el hombre para leer en su interior y captar todo lo que hay de bueno, más allá de las limitaciones y los pecados.

El padre del niño epiléptico, con su fe oportunista e incierta, nos enseña que lo importante es permanecer en el radio de la mirada de Jesús. Si no nos apartamos de la profundidad de esta mirada, tendremos vida, por complicados que sean nuestros caminos y por incapaces que seamos de adherirnos a Cristo con coherencia y con fe firme y sincera.

Creo, pero ayuda a mi incredulidad. Que el Señor nos ayude a no escandalizarnos por esta cohabitación de fe e incredulidad en nuestros corazones. Que el Señor nos ayude a mirarnos a nosotros mismos con la misma mirada de amor que Él tiene hacia cada uno de nosotros.

VIII

LA MIRADA QUE CAMBIÓ LA VIDA DE LA ADÚLTERA

(Jn 8,1-11)

*[1]Por su parte, Jesús se retiró al monte de los Olivos. [2]Al ama-
necer se presentó de nuevo en el templo, y todo el pueblo acudía a
él, y, sentándose, les enseñaba. [3]Los escribas y los fariseos le traen
una mujer sorprendida en adulterio, y, colocándola en medio, [4]le
dijeron: «Maestro, esta mujer ha sido sorprendida en flagrante adulterio. [5]La ley de Moisés nos manda apedrear a las adúlteras; tú, ¿qué
dices?». [6]Le preguntaban esto para comprometerlo y poder acusarlo.
Pero Jesús, inclinándose, escribía con el dedo en el suelo. [7]Como
insistían en preguntarle, se incorporó y les dijo: «El que esté sin
pecado, que le tire la primera piedra». [8]E inclinándose otra vez,
siguió escribiendo. [9]Ellos, al oírlo, se fueron escabullendo uno a
uno, empezando por los más viejos. Y quedó solo Jesús, con la mujer
en medio, que seguía allí delante. [10]Jesús se incorporó y le preguntó:
«Mujer, ¿dónde están tus acusadores?; ¿ninguno te ha condena-
do?». [11]Ella contestó: «Ninguno, Señor». Jesús dijo: «Tampoco yo te
condeno. Anda, y en adelante no peques más».*

Este magnífico episodio evangélico pone ante nosotros una de las más bellas perlas del tesoro que encierra la Palabra de Dios escrita. Es uno de esos momentos de la vida de Jesús en los que el sentido de la misión del Hijo de Dios se percibe casi físicamente, como si se pudiera palpar. Las palabras tienen la mera función de transmitir –aunque a riesgo de desvanecerla– una realidad que en sí misma es inefable, es decir, indecible, incontable. Al comentar este pasaje, por tanto, dejémonos guiar y conducir por el corazón, único hermeneuta capaz de devolver el latido a esta experiencia de amor profundo.

Desde el punto de vista narrativo, el pasaje se divide en tres momentos claramente delineados: a la introducción (vv. 1-2), que tiene la función habitual de marcar los contornos del relato e introducir al lector en el corazón de la acción, siguen dos momentos que recuerdan el género judicial, a saber, la acusación de la mujer (vv. 3-9) y la sentencia de Jesús (vv. 10-11). La linealidad de la disposición formal del material narrativo no nos tiene que engañar, porque, como hemos anticipado, se trata de un mensaje de impactante significado.

Para comprender mejor el contexto del relato, es necesario dar un paso atrás y leer el capítulo anterior: Juan 7 nos informa de que, tras un paréntesis galileo debido a que sabía que los judíos lo buscaban para darle muerte, Jesús va a Jerusalén con motivo de la fiesta de Sucot (las cabañas). Juan nos dice que va allí en privado, o más bien en secreto (7,10); sin embargo, en el v. 14 se dice que, en mitad de la fiesta, Jesús sube al templo y comienza a enseñar, atrayendo la atención de los que decidirán su eliminación. El contexto ampliado de nuestro pasaje, por tanto, nos habla de dos cosas: de Jesús como maestro que enseña con autoridad y con el poder del Espíritu de Dios que habita en él; de una multitud de enemigos, dispuestos a decretar su muerte.

La información sobre el contexto nos ayuda ahora a comprender mejor nuestro pasaje. La introducción (vv. 1-2) nos dice que Jesús se trasladó desde el templo, donde predicaba, al monte de los Olivos, y que a la mañana siguiente volvió al templo. La descripción de este traslado tiene el sabor de lo cotidiano, de lo ferial y esto, lejos de ser algo obvio, es un dato muy importante porque nos dice que Jesús solía hacer esto. Predicaba durante el día en el templo y pasaba la noche en oración en el Monte de los Olivos. Son coordenadas importantes, no sólo y no tanto desde el punto de vista geográfico, sino más bien desde el punto de vista simbólico y teológico (no olvidemos que el evangelio de Juan es altamente simbólico). La mención del Monte de los Olivos en un contexto abiertamente polémico hacia Jesús no puede sino verse como una anticipación de la noche más importante que Jesús pasará allí: la noche de la entrega, en el sentido más amplio del término. Entrega de Jesús a los suyos, en el pleno cumplimiento de la voluntad del Padre; entrega de Jesús por sus enemigos, que harán con él lo que quieran, llevándole a la muerte de cruz.

El v. 3 introduce el acontecimiento propiamente dicho, presentando a los protagonistas: en primer lugar, los que dirigen la acción, es decir, los escribas y fariseos. Esto es interesante, porque hasta entonces el grupo abiertamente hostil a Jesús había estado formado por sacerdotes –¡no olvidemos que enseñaba en el templo! – y fariseos, pero faltaban escribas. ¿Quiénes son los escribas? En hebreo, el término es *sofer*, que remite a la raíz de la palabra *séfer*, que significa libro: por tanto, los escribas son los hombres del libro; en concreto, los expertos de la ley. Su presencia es estratégica en la situación contingente, ya que se trata de un caso legal; pero no deja de tener un significado aún más profundo, en cuanto nos ayuda a comprender cuál era su actitud hacia Jesús. Juan dice, en efecto, que llevaron a Jesús a una mujer sorprendida en flagrante adulterio, sometiéndole el caso de una manera bastante curiosa; de hecho, al presentarle la situación citan –como verdaderos expertos de la Torá– el precepto mosaico, aunque manipulen el texto, porque citan tanto Lv 20,10[1] como Dt 22,22[2] sólo en la parte que les conviene.

Ahora bien, estos dos pasajes del Pentateuco ya contienen la solución al caso que nos ocupa, pues afirman que una mujer sorprendida en flagrante adulterio debe morir apedreada. No hay lugar para mucha interpretación. Sin embargo, al plantear el asunto a Jesús, los escribas dan a entender claramente que quieren oír su opinión: *Tú, ¿qué dices?* ¡Como si eso fuera algo sobre lo que se

1. "Si un hombre comete adulterio con la mujer de su prójimo, el adúltero y la adúltera serán condenados a muerte".
2. "Cuando un hombre sea sorprendido yaciendo con una mujer casada, ambos deben morir: el hombre que ha yacido con la mujer y la mujer. Así erradicarás el mal de Israel".

pudiera opinar! La ley se aplica, no se discute. Aquí las palabras de los escribas delatan la actitud polémica hacia Jesús; revelan su corazón, mostrando claramente que no les mueve la búsqueda de la verdad, sino la animadversión hacia el Maestro de Galilea. Además, el evangelista no lo oculta y lo dice abiertamente en el v. 6: *Le preguntaban esto para comprometerlo y poder acusarlo.* Se trata de una verdadera provocación, pues los escribas y fariseos piensan: si Jesús reacciona, irá contra la letra de la Ley; si no acepta la provocación, perderá el favor de la gente, que reconoce en él a un maestro distinto de todos, capaz de aportar novedades incluso chocantes a la manera tradicional de pensar y ver las cosas.

La respuesta de Jesús descrita al final del v. 6 no se compone de palabras, sino que se encierra en una actitud sobre la que será bueno reflexionar. El texto nos dice que, agachándose, escribió en el suelo con el dedo. Es importante, en primer lugar, fijarse en la conjunción adversativa que abre la frase: *Pero, Jesús...* Significa que no hay continuidad con la pretensión de los adversarios, que querían empujarle a su terreno de confrontación. Jesús no cede a la provocación y reacciona de forma inesperada. La postura que asume recuerda soberanía, podríamos decir que transmite calma olímpica y pleno control de la situación. Por supuesto, ¡esto no indica distanciamiento ni esnobismo! Jesús está totalmente presente en lo que sucede, pero no quiere permanecer al nivel de los adversarios que le provocan.

Creo que no estoy forzando demasiado la interpretación del texto al captar un profundo sentido simbólico en el inclinarse de Jesús. Es como si abandonara la altanería de los escribas y fariseos, que se erigen en jueces y le presionan, para sumergirse en la humilde realidad de la mujer que han arrastrado ante él. Al fin y al cabo, no es más que una continuación de la *kénosis*, ese vaciarse y abajarse del Hijo de Dios que tiene su origen en la encarnación. Juan lo anunció claramente al comienzo de su evangelio, en el espléndido prólogo: *Y la Palabra de Dios se hizo carne y acampó entre nosotros* (1,14). He aquí de nuevo a Jesús, dispuesto a plantar su tienda en los tugurios de la miseria humana, para devolver la dignidad allí donde reinan el desprecio, el abandono y la soledad.

Mucho se ha dicho y escrito sobre el gesto que acompaña la actitud de Jesús en este momento, a saber: *Escribía con el dedo en el suelo*. Quisiera citar una de las interpretaciones, que recuerda un texto profético de Jeremías en el que leemos: *Señor, esperanza de Israel, quienes te abandonan fracasan; quienes se apartan de ti quedan inscritos en el polvo por haber abandonado al Señor, la fuente de agua viva* (Jr 17,13). Justo en el pasaje anterior al que estamos analizando, Jesús proclamó a gritos: *¡El que tenga sed, que venga a mí y beba el que crea en mí!* (Jn 7,37-38). ¡Él es el agua viva! Quien se aparta de Él, fuente de la vida, acaba pereciendo, arrastrado como el polvo por el viento. En el polvo están escritos los nombres de los pecadores, como también de los que se creen justos y no necesitan el agua que brota de Cristo.

El versículo siguiente nos dice que Jesús cede a la insistencia de sus interlocutores; no para aceptar su provocación, sino para devolverlos al ámbito de la vida. Por eso se levanta, se incorpora al mundo de ellos, hecho de orgullo y pretendida superioridad e ilumina las tinieblas que los ciegan con el esplendor de la verdad propia. *El que esté sin pecado, que le tire la primera piedra*. Estas palabras –que se han convertido en proverbiales, ¡con todos los riesgos que esto conlleva!– desvelan la verdad de esos hombres, desenmascarando su voluntad de juzgar a esa mujer. Son una especie de espejo que les obliga a mirarse en su interior y descubrir que son muy diferentes a esa imagen de perfeccionismo que querían difundir y defender a toda costa. Esas palabras dan en el blanco, y por lo tanto no hay réplica. ¡Los expertos en palabras se quedan mudos ante la Palabra! Todos se marchan, empezando por los ancianos, como bien señala el evangelista. Los ancianos tienen sentido común y sabiduría, porque tienen experiencia de la vida. Entienden primero, por tanto, que están completamente equivocados. Por eso son los primeros en marcharse.

En la última escena, la más conmovedora, se produce una drástica reducción de los protagonistas. Pasamos, de hecho, de una situación abarrotada a un escenario en el que sólo aparecen dos figuras. Tomo prestadas las palabras magistrales de San Agustín –que tuvo experiencia concreta del pecado y de la misericordia–, que retrata esta situación con esta frase lapidaria: *Relicti sunt duo: misera et misericordia*. Sólo quedaron dos: la mísera y la misericordia. ¡No hay mucho que añadir! Imaginemos, pues, esta situación; imaginemos sobre todo la mirada con la que Jesús se dirige a la adúltera, llamándola *mujer*. Una mirada llena de amor, una mirada que cura la herida profunda causada por el pecado; una mirada que rehabilita a esa persona que había trocado su feminidad y le devuelve su dignidad de mujer. No podemos dejar de recordar el hecho de que esta expresión –*mujer*– la reserva Juan para la madre de Jesús (tanto en Caná[3] como a los pies de la cruz[4]), para la mujer de Samaría[5] y para María de Magdala, el día de la resurrección; todos momentos destacados de la vida de Jesús. Momentos marcados por la novedad que el Mesías vino a traer; momentos que podemos juntar bajo la idea de la nueva creación. Jesús, con su mirada de amor que va más allá del pecado para restaurar al pecador, recrea a esta mujer, devolviéndole su dignidad. La convierte en una criatura nueva, digna de ser amada. ¡He aquí el gran milagro!

La mujer, por su parte, reconoce bien la presencia de Dios en aquella situación, y donde escribas y fariseos se habían dirigido a Jesús llamándole maestro, ella le llama Señor. Jesús es el Señor de la vida de esta nueva mujer, recreada por el amor y renacida de las cenizas de su propio pecado. Un pecado que no sólo no se convierte en un obstáculo, sino que –en la paradoja de la fe– se convierte en el tortuoso camino emprendido por Dios en busca del hombre perdido.

Una mirada de amor, la de Jesús; una mirada que hace verdad, llamando al pecado por su nombre, pero que también rehabilita, en la medida en que uno lo reconoce como Señor de su vida. Como hizo esta mujer, que desde el umbral de la muerte vuelve a la vida. La vida verdadera.

---

3. Cf. Jn 2,1-11.
4. Cf. Jn 19, 25-27.
5. Cf. Jn 4.

IX

LA MIRADA TRANSFORMADORA DE LA HEMORROISA Y LA HIJA DE JAIRO

(Mc 5,21-43)

*21Jesús atravesó de nuevo en barca a la otra orilla, se le reunió
mucha gente a su alrededor y se quedó junto al mar. 22Se acercó un
jefe de la sinagoga, que se llamaba Jairo, y, al verlo, se echó a sus
pies, 23rogándole con insistencia: «Mi niña está en las últimas; ven,
impón las manos sobre ella, para que se cure y viva». 24Se fue con
él y lo seguía mucha gente que lo apretujaba.*

*25Había una mujer que padecía flujos de sangre desde hacía doce
años. 26Había sufrido mucho a manos de los médicos y se había
gastado en eso toda su fortuna; pero, en vez de mejorar, se había
puesto peor. 27Oyó hablar de Jesús y, acercándose por detrás, entre
la gente, le tocó el manto, 28pensando: «Con solo tocarle el manto
curaré». 29Inmediatamente se secó la fuente de sus hemorragias y
notó que su cuerpo estaba curado. 30Jesús, notando que había salido
fuerza de él, se volvió enseguida, en medio de la gente y preguntaba:
«¿Quién me ha tocado el manto?». 31Los discípulos le contestaban:
«Ves cómo te apretuja la gente y preguntas: "¿Quién me ha tocado?"». 32Él seguía mirando alrededor, para ver a la que había hecho
esto. 33La mujer se acercó asustada y temblorosa, al comprender
lo que le había ocurrido, se le echó a los pies y le confesó toda la
verdad. 34Él le dice: «Hija, tu fe te ha salvado. Vete en paz y queda
curada de tu enfermedad».*

*35Todavía estaba hablando, cuando llegaron de casa del jefe de
la sinagoga para decirle: «Tu hija se ha muerto. ¿Para qué molestar*

más al maestro?». [36]Jesús alcanzó a oír lo que hablaban y le dijo al jefe de la sinagoga: «No temas; basta que tengas fe». [37]No permitió que lo acompañara nadie, más que Pedro, Santiago y Juan, el hermano de Santiago. [38]Llegan a casa del jefe de la sinagoga y encuentra el alboroto de los que lloraban y se lamentaban a gritos [39]y después de entrar les dijo: «¿Qué estrépito y qué lloros son estos? La niña no está muerta; está dormida». [40]Se reían de él. Pero él los echó fuera a todos y, con el padre y la madre de la niña y sus acompañantes, entró donde estaba la niña, [41]la cogió de la mano y le dijo: Talitha qumi (que significa: «Contigo hablo, niña, levántate»). [42]La niña se levantó inmediatamente y echó a andar; tenía doce años. Y quedaron fuera de sí llenos de estupor. [43]Les insistió en que nadie se enterase; y les dijo que dieran de comer a la niña.

Este pasaje se sitúa en la sección del evangelio de Marcos que los exegetas denominan opúsculo de los milagros (4,35-6,6), un largo excursus narrativo que sigue inmediatamente a la predicación en parábolas y que tiene por objeto presentar al mundo la manifestación del poder y la divinidad de Jesús. No podemos olvidar que el epígrafe del segundo evangelio es *Evangelio de Jesucristo, Hijo de Dios*, lo que supone una catequesis continua sobre la divinidad de Jesús; una divinidad que alcanza su máxima evidencia en la entrega y abandono del Hijo a la voluntad del Padre, en la cruz. Veremos como enmarcar nuestro pasaje en este amplio contexto nos ayudará a comprender mejor su significado y su mensaje.

Los dos primeros milagros registrados por Marcos son el apaciguamiento de la tempestad (4,35-41) y la curación del endemoniado de Gerasa (5,1-20); así, Jesús se enfrenta primero a las fuerzas de la naturaleza y luego al poder del Diablo. Nuestro relato le enfrenta a la enfermedad y a su manifestación extrema y final, es decir, la muerte. Según algunos comentaristas, el pasaje se compone de dos episodios fundidos por un trabajo de redacción; hay ciertamente indicios que apuntan a una composición elaborada del texto (por ejemplo, los doce años de la enfermedad de la hemorroisa corresponden a los doce años de la hijita de Jairo). Esto, sin embargo, no sólo no resta profundidad al mensaje contenido en el relato, sino que acaba dándole aún mayor evidencia e importancia. Si, de hecho, se admite que estos episodios de la vida de Jesús fueron releídos y juntados después de la Pascua del Señor y con la luz del Espíritu Santo, el resultado final es aún más rico y significativo para cada uno de nosotros, que seguimos gozando de sus frutos.

Tras esta introducción, adentrémonos en el comentario del pasaje. Después de haber realizado el prodigio en Gerasa, Jesús regresa a la orilla occidental del lago de Galilea. La expresión "ir a la otra orilla" es bastante recurrente en esta sección del evangelio de Marcos[1] y tiene ciertamente un valor simbólico. Jesús invita a los que le siguen a ir mar adentro con él, a abandonar la orilla de sus propias convicciones y expectativas respecto a él para acoger la novedad que proviene de su persona y de su misión. Por tanto, además de tener el sentido puramente literal de desplazamiento físico de un lugar a otro, esta expresión recuerda lo que podríamos llamar una peregrinación interior, siguiendo a Cristo.

El contorno de la escena ve la abundante presencia de la muchedumbre, que al principio sólo tiene la función de espectadora, atraída por la fama del poder de este taumaturgo venido de Nazaret, pero que más tarde entra en diálogo con Jesús y se convierte –quizá a su pesar– en destinataria de su enseñanza. En este escenario, aparece en escena un notable, definido tanto por su papel en el seno de la comunidad como por su nombre propio: ¡dos indicaciones importantes! Se trata del *archisynagogos*, el jefe de la sinagoga, es decir, el encargado de presidir el servicio litúrgico; una figura muy importante, pues. Pero, es sobre todo su nombre el que adquiere un significado muy importante en relación con lo que Jesús va a realizar: se llama Jairo, en hebreo *Ya'ir*, que viene del prefijo *Yah* del nombre sagrado de Dios y del verbo *'ir*, que significa iluminar. Así, el nombre de este hombre que se convierte en uno de los protagonistas de la historia significa: Dios ilumina. Un mensaje claro para el lector del evangelio: pronto estaremos en presencia de la Luz de Dios que viene a iluminar las tinieblas en las que se encuentra el hombre. Veamos cómo.

---

1. Además de en este pasaje, lo encontramos en 4,35; 5,1; 6,45.

Jairo se presenta a Jesús con una actitud muy concreta y una petición muy precisa: la actitud – *habiendo visto a Jesús, se arrojó a sus pies*– es la de quien suplica. Recuerda a otro padre que encontramos en una de las reflexiones anteriores, a saber, el padre del niño epiléptico. Pero sobre todo hay que notar que el gesto de súplica sigue a otra acción que realiza Jairo: *habiéndole visto*. Jairo ve a Jesús. Esto puede parecer un detalle insignificante, pero no lo es en absoluto. Hemos tenido ocasión de ver que este verbo denota una relación que va mucho más allá de la percepción sensorial, para expresar el establecimiento de una relación que llega hasta la intimidad, una mirada interior. Por eso, el hecho de que Jairo vea a Jesús es importante; significa que está dispuesto a entablar una relación con él.

El gesto suplicante de arrojarse a los pies del Maestro va acompañado de otros calificativos: *le rogaba con insistencia*. Esta actitud denota la desesperación de este hombre por la situación que está viviendo: una desesperación que se manifiesta también en las palabras que dirige a Jesús. Al presentarle su problema, de hecho, define a su hija utilizando el término “hijita”, un diminutivo que expresa toda la ternura del padre, que se siente morir por dentro porque el fruto de sus entrañas está sufriendo.

La situación de la niña es trágica y su padre es consciente de ello: pide a Jesús que realice un gesto milagroso, reconociendo en él a un profeta. De hecho, el gesto de la imposición de manos era típico de los hombres de Dios, indicando una transferencia de poder divino que pasaba a través de ellos. Lo que el evangelista quiere decirnos en este punto es que Jairo no tiene todavía fe en Jesús como hijo de Dios; más bien cree que es un gran sanador, capaz de realizar milagros, y se confía a él precisamente por eso.

La anotación que sigue – *Jesús fue con él*– tiene un significado simbólico muy fuerte. Jesús no dice una palabra, sino que simplemente sigue al hombre. Sigue el camino que el hombre le traza. No impone su propia visión de las cosas, no reprende al hombre que no reconoce en él la divinidad, sino que – una vez más – se abaja para acoplarse al proyecto del hombre. Lo acoge, se encarna en él, llevando a cumplimiento el gran milagro de la encarnación. Jesús abraza a la humanidad en su totalidad, como parece subrayar hasta visualmente el hecho de que la multitud continúe siguiéndole y se reúna a su alrededor.

Esta anotación del evangelista sobre la muchedumbre que se agolpa en torno a Jesús permite que arranque lo que podríamos llamar un relato dentro del relato. En efecto, en medio de aquella muchedumbre que aplastaba a Jesús cuando iba detrás de Jairo, aparece una mujer. O, mejor dicho, en medio de aquella multitud se esconde una mujer. Aprovecha la confusión para lanzarse a la refriega y lograr así entrar en contacto humano con sus semejantes, ya que la enfermedad que padecía desde hacía doce años la convertía en impura según la ley de Moisés[2] y, por tanto, la desterraba de la sociedad humana. La descripción de su situación, aunque no tan crítica como la de la muchacha, que se está muriendo, tiene rasgos de seriedad y profundo sufrimiento: *Había sufrido mucho a manos de muchos médicos, gastando todos sus bienes en vano, empeorando de hecho*. Basta analizar los adjetivos que he subrayado para comprender cómo el evangelista quiere expresar con fuerza y claridad la dificultad en que se encuentra esta mujer.

El v. 27 nos dice algo sobre la actitud de la mujer hacia Jesús: *Oyendo hablar de Jesús, se metió entre la gente, detrás de él, y tocó su manto*. Detengámonos en este pasaje. La mujer no conoce directamente a Jesús, pero ha oído hablar de él. Es sólo su fama lo que la atrae, y la fama que se había extendido de él era la fama de un sanador, de alguien capaz de hacer cosas prodigiosas. La fama es algo evanescente y superficial; es lo que atrae a las multitudes, movidas por la curiosidad o por intereses primarios más que por un verdadero deseo de conocer, de comprender el mensaje de Jesús, de seguir sus enseñanzas. El hecho de que la mujer esté entre la multitud, indica que ella también comparte esta visión de Jesús.

Se dice, pues, que se acerca por detrás, otro detalle interesante. No mira a Jesús, como hizo Jairo y tantos otros personajes que

2. El libro del Levítico describe con todo lujo de detalle la situación de una mujer en ese estado: cf. *Lv* 15,19-30.

hemos conocido hasta ahora. No busca el contacto directo, no quiere establecer una relación profunda; se contenta con obtener lo que necesita, con el prodigio superficial, convencida de que la solución a su problema –que en el fondo es el problema de todo hombre, es decir, la búsqueda de la felicidad– sea únicamente la respuesta a la necesidad inmediata que siente. Permanece entonces a espaldas de Jesús, y está convencida de que puede apoderarse del beneficio sin que Jesús se dé cuenta: *Le tocó el manto*. Ni siquiera toca a Jesús. Se limita a rozarlo, a tocar su manto. No hay contacto, y por ende no hay relación.

Aparentemente, sucede exactamente lo que la mujer anhela: *E inmediatamente se detuvo el flujo de sangre y sintió en su cuerpo que estaba curada de aquel mal*. Misión cumplida, máximo resultado con el mínimo esfuerzo. Pero, las cosas no salen según los planes de la mujer. El evangelista nos dice que Jesús percibió el poder que había salido de él y *se volvió* hacia la multitud. He aquí que nos topamos otra vez con este verbo tan importante, que, como hemos dicho repetidamente, se utiliza en el AT para indicar la conversión. Jesús se vuelve hacia el hombre que hace todo tipo de mal: ¡es él quien va en busca del pecador!

Se dirige hacia la multitud, preguntando quién le ha tocado, y –más allá de la reacción asombrada y casi irónica de los discípulos– es interesante ver cómo el evangelista continúa describiendo la actitud de Jesús: *Él, mientras tanto, miraba a su alrededor para ver a la que había hecho esto*. Jesús lo sabe todo; sabe quién le ha tocado, sabe lo que ha pasado y, sobre todo, conoce el corazón de la mujer. Por eso sigue intentando encontrarse con su mirada; quiere que ella comprenda que no basta con establecer una relación superficial con él, para su propio uso y consumo. Una relación mágica, basada en la satisfacción de las propias necesidades y exigencias. Jesús busca a la mujer para ayudarla a dar el salto de la fe, a dar un paso adelante en el camino de su vida. Para arrancarla de la condición en la que se encuentra, que es una condición de enfermedad no sólo física, sino también interior, lo cual es mucho más grave.

Mientras los discípulos y el resto de la multitud no comprenden el gesto de Jesús, que sigue mirando a su alrededor, la mujer sabe lo que ha ocurrido, y por eso actúa. El evangelista la describe como asustada y temblorosa, lo que es la reacción típica de quien no conoce a Dios y se lo imagina como un juez despiadado y malvado. Como vimos, es la reacción de Adán que se esconde en los árboles después de romper su amistad con Dios. Nos sentimos culpables, y como somos implacables al juzgar a los demás cuando hacen mal contra nosotros, proyectamos la misma implacabilidad sobre Dios. En el fondo, no creemos en la misericordia de Dios, que va más allá de nuestro pecado; pensamos siempre que su mirada sobre nosotros sea de juicio, de condena.

Aquí, pues, la mujer asume su responsabilidad, pero está presa del miedo, del temor. No ha encontrado la mirada de Jesús, no ha establecido ninguna relación con él y, por tanto, es normal que esté aterrorizada por lo que ha hecho. Consideremos que, al tocar a Jesús, la mujer le ha transmitido su propia impureza. Esto es muy grave. Pero, ya no se esconde; asume su responsabilidad y le confesó toda la verdad. ¡Este es el punto de inflexión! La mujer reconoce la verdad sobre sí misma y la pone a los pies de Jesús. Lo sorprendente es que Jesús no la condena por ello, sino que, reconociendo la fe de la mujer, la declara salvada y libre del mal que la había poseído. Y la mujer queda doblemente curada: en su cuerpo, ciertamente, porque ya no existe el flujo de sangre que la hacía impura; pero sobre todo en su interior, porque ha logrado el encuentro más importante, ¡ha establecido una relación con la Misericordia! Ha encontrado la paz, el verdadero *shalom* al que Jesús la invita, enviándola de vuelta a su vida cotidiana.

Si se puede decir que este episodio está concluido, queda abierta la cuestión que dio inicio a todo el relato, a saber, la gravísima situación de la hijita de Jairo. Mientras Jesús se entretiene con la hemorroisa, la situación se precipita; en efecto, Jairo recibe la comunicación de la muerte de su hija y es invitado a no molestar más al Maestro porque ya no hay nada que hacer. He aquí la misma disposición de la hemorroisa antes de ser curada. Todos, al fin y al cabo, ven en Jesús a un curandero, a un hombre capaz de hacer grandes gestos y nada más. Nadie, sin embargo, lo ve como realmente es, es decir, el Hijo de Dios y –como tal– Señor de la vida y de la muerte, capaz de devolver la vida a quien ya ha cruzado el umbral de la muerte. Que la condición de Jairo –y, podríamos añadir, de toda su familia– sea idéntica a la de la mujer hemorroísa se capta en las palabras que Jesús le dirige: *No temas; basta que tengas fe*. Jesús nos invita a superar ese sentimiento paralizante que es el miedo y a tener fe en Él. ¡He aquí la clave, he aquí el denominador común de estos dos episodios de una misma historia! Pasar del miedo a la fe, a la verdadera fe.

Pero, ¿qué tipo de fe es la que Jesús pide tanto a la hemorroísa como a Jairo y a los que le rodean? Fe en su divinidad, y volvemos al punto de partida de nuestra reflexión. Esta gente cree que Jesús sea un superhéroe, mientras que Jesús demuestra ser el Hijo de Dios. Por eso trae consigo a Pedro, Santiago y Juan como testigos del prodigio. Me diréis: ¿qué tiene eso que ver? La respuesta es sencilla, si pensamos en otro episodio fundamental del que fueron testigos esos tres apóstoles, a saber, la transfiguración. No es otra cosa, aquel episodio, que la manifestación anticipada, la prefiguración de la gloria que Jesús conquistaría con su pasión y muerte en la cruz. El milagro de Jesús, por tanto, irradia la luz pascual; la vuelta a la vida de la niña tiene un significado mucho más profundo de lo que realmente sucede, porque prefigura el don de la vida eterna que Jesús vino a traer a todos. Si nos fijamos, los verdaderos milagros de Jesús no son los que tienen una contrapartida física, porque en cualquier caso ese tipo de milagros estaban destinados a durar un tiempo y nada más. Tanto aquella doncella como Lázaro, así como todos los que habían sido curados o resucitados por Jesús, ¡con el tiempo, finalmente, murieron! Los verdaderos milagros son los interiores. Es el don de la verdadera fe en Él lo que une la experiencia de la hemorroísa a la de Jairo, con toda su familia.

Pidamos, pues, no contentarnos con rozar a Jesús, acercándonos a él por detrás; intentemos vivir con él una relación abierta, mirando a Jesús a la cara y dejándonos penetrar por su intensa mirada. Una mirada que cambiará nuestra vida como cambió la vida de la mujer hemorroísa y de la familia de Jairo, manifestando plenamente el significado del nombre del jefe de la sinagoga: Dios ha iluminado a su pueblo.

X

LA MIRADA QUE CAMBIÓ LA VIDA DE MARÍA MAGDALENA

(Jn 20,1-18)

[1]El primer día de la semana, María la Magdalena fue al sepulcro al amanecer, cuando aún estaba oscuro, y vio la losa quitada del sepulcro. [2]Echó a correr y fue donde estaban Simón Pedro y el otro discípulo, a quien Jesús amaba, y les dijo: «Se han llevado del sepulcro al Señor y no sabemos dónde lo han puesto».

[3]Salieron Pedro y el otro discípulo camino del sepulcro. [4]Los dos corrían juntos, pero el otro discípulo corría más que Pedro; se adelantó y llegó primero al sepulcro; [5]e, inclinándose, vio los lienzos tendidos; pero no entró. [6]Llegó también Simón Pedro detrás de él y entró en el sepulcro: vio los lienzos tendidos [7]y el sudario con que le habían cubierto la cabeza, no con los lienzos, sino enrollado en un sitio aparte. [8]Entonces entró también el otro discípulo, el que había llegado primero al sepulcro; vio y creyó.

[9]Pues todavía no habían entendido la Escritura: que él había de resucitar de entre los muertos. [10]Los dos discípulos se volvieron a casa. [11]Estaba María fuera, junto al sepulcro, llorando. Mientras lloraba, se asomó al sepulcro [12]y vio dos ángeles vestidos de blanco, sentados, uno a la cabecera y otro a los pies, donde había estado el cuerpo de Jesús. [13]Ellos le preguntan: «Mujer, ¿por qué lloras?». Ella les contesta: «Porque se han llevado a mi Señor y no sé dónde lo han puesto». [14]Dicho esto, se vuelve y ve a Jesús, de pie, pero no sabía que era Jesús. [15]Jesús le dice: «Mujer, ¿por qué lloras?, ¿a quién buscas?». Ella, tomándolo por el hortelano, le contesta: «Señor, si tú te lo has

llevado, dime dónde lo has puesto y yo lo recogeré». [16]*Jesús le dice: «¡María!». Ella se vuelve y le dice: «¡Rabbuní!», que significa: «¡Maestro!».* [17]*Jesús le dice: «No me retengas, que todavía no he subido al Padre. Pero, anda, ve a mis hermanos y diles: "Subo al Padre mío y Padre vuestro, al Dios mío y Dios vuestro"».* [18]*María la Magdalena fue y anunció a los discípulos: «He visto al Señor y ha dicho esto».*

Otra mujer más en el centro de nuestra reflexión. Una mujer que, a su pesar, iba acompañada de un feo prejuicio, fruto de una mala interpretación de ciertos pasajes del texto evangélico: intentemos aclarar el malentendido. El evangelio de Lucas, en el contexto de la descripción del séquito femenino de Jesús (8,1-3), habla de María de Magdala[1] informándonos de que siete demonios habían salido de ella. La misma información reaparece en Mc 16,9 donde se dice: *Resucitado por la mañana, el primer día después del sábado, Jesús se apareció primero a María Magdalena, de la que había expulsado siete demonios*. Ahora bien, dado que el pasaje lucano sigue inmediatamente al relato que este evangelista hace del encuentro entre Jesús y la mujer pecadora (Lc 7,36-50), la asociación de las dos figuras se ha impuesto en cierto modo en el imaginario colectivo. Puesto que se dice de María Magdalena que estaba poseída por un número importante –siete, con todo su simbolismo– de demonios, para la interpretación común significa que era presa de vicios de naturaleza sexual. Sin entrar en grandes disquisiciones sobre la razón de tal asociación, podemos constatar simplemente que el evangelista no crea ningún vínculo causal entre las dos situaciones y, por tanto, entre las dos figuras. Por consiguiente, con suficiente razonabilidad podemos suponer que María Magdalena no fuera una pecadora pública, sino más simplemente una mujer aquejada de graves sufrimientos –físicos o morales– de los que Jesús la había liberado.

---

1. El nombre de la ciudad de Magdala deriva de la palabra hebrea *migdal*, que significa "torre": el apodo que los evangelios utilizan para distinguir a ésta de las otras diversas Marías se corresponde, por tanto, con uno de nuestros apellidos derivados de lugares de origen. Podríamos decir que, hoy en día, Magdalena se llamaría María de la Torre.

Entremos ahora en el análisis de nuestro relato. El marco es más que evidente, pues estamos en el corazón del misterio pascual, en el nuevo amanecer de la resurrección, al comienzo de los nuevos tiempos que Jesús vino a inaugurar con su encarnación y a cumplir con su muerte y resurrección. La determinación temporal del primer versículo, que sirve de introducción a todo el pasaje, no puede tener un significado meramente cronológico, de secuencia de los acontecimientos. Incluso antes de detenernos en el sentido cristológico de esta afirmación, no podemos ignorar el hecho de que la expresión *el primer día de la* semana recuerda el relato del Génesis sobre la creación del mundo. En cierto modo, la determinación joánica que se aparta parcialmente de los sinópticos afirmando *cuando aún era de noche*, refuerza el vínculo semántico con el relato del Génesis, retrotrayéndonos al momento inicial de la obra creadora de Dios, inaugurada precisamente por la separación de las tinieblas de la luz. Nos encontramos, pues, en una atmósfera primordial, preludio del cumplimiento de la obra de Dios iniciada desde el principio de los tiempos. Así como en aquel momento intervino el Verbo creador de Dios para sacar vida de la nada, ahora el Verbo encarnado crea la vida que no conoce ocaso, difundiendo su propia luz sobre las tinieblas del pecado que envolvían al hombre. Un comienzo más que solemne, pues.

Más allá del marco cronológico-simbólico del relato, no podemos dejar de detenernos en el personaje que caracteriza la escena. En primer lugar, llama la atención que sea uno solo; pero aún más llama la atención del lector el hecho de que el personaje sea una mujer. Hay que recordar el contexto cultural en el que se desarrollan los hechos, un contexto marcadamente machista en el que la mujer simplemente no tenía ningún papel, salvo como propiedad del hombre, como dote a rescatar. Por cruda que parezca la expresión, las mujeres eran propiedad de sus maridos, y servían únicamente para la procreación de los hijos y el servicio a su amo[2] y a su familia.

2. Como vimos en el análisis del texto del profeta Oseas, esta es la traducción más propia de la palabra *ba'al*, marido.

En un contexto así, el evangelista sitúa a una mujer como único testigo –al menos en primera instancia– de los acontecimientos que va a narrar. Se trata sin duda de una operación doblemente incomprensible desde el punto de vista de la cultura de la época, dado que el testimonio de una sola persona no se consideraba de por sí fiable y encima aquí el único testigo es una mujer, considerada no apta para la tarea por el mero hecho de serlo. No obstante, el acontecimiento capital de la historia de la salvación se confía a este testigo considerado inadecuado, poco fiable: del mismo modo que el anuncio del nacimiento del Salvador se confía a los pastores, personas consideradas ajenas a la sociedad e igualmente poco fiables. Ciertamente, la lógica de Dios no se corresponde con la del hombre.

De María se dice en primer lugar que fue al sepulcro. La razón de esta visita responde, según algunos comentaristas, a motivos de *pietas* hacia el difunto. Había, en efecto, diversos ritos y costumbres que acompañaban a la muerte de una persona, y es probable que –dado que Jesús no había muerto de muerte natural, sino ejecutado– María estuviera dispuesta a suplir las carencias debidas a la súbita e insólita circunstancia, observando todo lo que la tradición dicta en casos semejantes. Personalmente, me gusta pensar que su ida al sepulcro sea una expresión –mucho más fragante de humanidad, en consonancia con el personaje que pronto conoceremos– de su profundo e íntimo amor por el Maestro. Mientras que los apóstoles, que habían huido, quedaban escondidos en el cenáculo por miedo, María, que había permanecido al pie de la cruz junto con su Madre y la otra María (cf. Jn 19,25), no teme manifestar su amor a Jesús e incluso desafía el riesgo de tener que pagar en primera persona esta entrañable pertenencia. Para tener una idea precisa de la estatura moral de esta mujer, basta hacer una comparación por contraste con la pusilanimidad de Pedro, que –por miedo– niega incluso conocer a Jesús. Por tanto, más que el simple cumplimiento de un ritual, la visita de María Magdalena al sepulcro tiene la fragancia del amor por el desaparecido.

La segunda acción que se le atribuye es muy importante: *Vio que la piedra había sido removida del sepulcro*. El verbo griego utilizado aquí, *blepo,* sólo indica la acción perceptiva del ojo; no habla de comprensión interior, que en griego se expresa con el verbo *orao,* que indica una visión que conduce al conocimiento. De hecho, María se limita a percibir que algo ha sucedido, puesto que la piedra que sellaba el sepulcro ya no está en su sitio. Sin embargo, esta percepción superficial de la realidad la mueve a la acción; una acción expresada dinámicamente por el verbo correr, que indica la solicitud que animaba a esta mujer. María se da cuenta de que algo grande ha sucedido y corre a informar a Simón Pedro y al otro discípulo (Juan, según la tradición), comunicándoles que el Señor había sido sacado del sepulcro.

Si nos quedamos en el nivel de la narración de un acontecimiento, algo falla en esta información. María simplemente vio que la piedra había sido retirada de la entrada del sepulcro, pero no entró. ¿Por qué, entonces, se dirige a los apóstoles y anuncia con cierta convicción que el cuerpo de Jesús había sido robado? Una vez más, hay que ir más allá del sentido meramente literal del texto. La información que María transmite, corresponde a su propia percepción de la realidad en ese momento. Ella aún no es consciente de lo que ha sucedido, y por tanto lee la situación con ojos humanos. Jesús ya no está en el sepulcro, ¡ese es el hecho! A ojos humanos, la única explicación de este acontecimiento es que se lo han llevado, ya que los muertos no caminan ni se mueven por sí solos. Este es el sentido de la primera declaración de María a los apóstoles.

Del v. 3 al v. 10, el foco de la narración se desplaza hacia Pedro y el otro discípulo. Dejemos de lado este cuadro, que forma claramente un relato dentro de otro relato, ya que termina con un dato – *Los discípulos, pues, se volvieron a casa*– que tiene todo el sabor de la conclusión de este microepisodio.

El v. 11 vuelve a situar a nuestra María en el centro de la escena. El texto griego nos da una señal importante, a pesar de estar oculta tras la pequeña aparición de una de las partículas más recurrentes, a saber, la partícula *de.* A veces ni siquiera se traduce; otras veces –como en este caso– tiene un matiz importante que sirve para articular el discurso, poniendo los dos elementos que se comparan en una comparación ligeramente adversativa. Podríamos traducirlo, en este caso con "en cambio". Así, se comparan las actitudes de los discípulos y de María y se pone de relieve su diferencia; donde Pedro y el otro discípulo no hacen más que correr y moverse de un lado del sepulcro –un lugar marcado por la muerte hasta ese momento–, María *permanece de pie*. Aparece de nuevo el pluscuamperfecto del verbo *ìstemi* que Juan había utilizado en 19,25 para describir la actitud de las tres Marías al pie de la cruz. María sigue de pie, presente, entrando en lo que hasta ese momento es un misterio de muerte por encima de ella. Sin embargo, se queda. No huye, no se esconde. Podríamos decir que permanece conscientemente en el radio de la muerte, sin eludirla.

La acción que acompaña su estar de pie ante el sepulcro –aunque todavía fuera, como nota simbólicamente el evangelista– se expresa en el llanto, un llanto abundante como parece sugerir el hecho de que el verbo *klaio* aparezca dos veces en el espacio de pocas palabras. En este llanto de María se advierte una progresión interior; en el v. 1 se decía que vio el sepulcro, pero sólo a nivel perceptivo, sin entrar en la comprensión de lo que veía. Aquí observamos una progresión, ya que primero se dice que se detuvo junto al sepulcro, pero permaneció fuera de él; luego se dice que se inclinó hacia el sepulcro (verbo *parakypto*). Hay que profundizar en el significado de este verbo, ya que, además de inclinarse hacia algo, la raíz indica mirar dentro, en definitiva, sumergirse en la realidad que es objeto de este verbo. Podríamos decir que, en el momento en que María pasa de la acción estática de contemplar el sepulcro (desde fuera) a la acción dinámica de sumergirse en la realidad de la muerte, su percepción de la realidad cambia. De hecho, se nos dice que ve a dos ángeles con vestiduras blancas. De nuevo el verbo ver, pero esta vez el evangelista cambia de raíz, y ya no utiliza el verbo de la mera percepción sensorial (*blepo*), sino el que se refiere a la reflexión y la contemplación, *theoréo*[3].

3. De este mismo verbo viene nuestra palabra "teoría", que justamente indica la reflexión sobre la realidad.

Es precisamente esta visión que podríamos llamar contemplativa la que abre a María las puertas del encuentro con lo divino, representado por las dos figuras angélicas. Los ángeles, en el lenguaje bíblico tanto del AT como del NT no son otra cosa que la manifestación de la presencia y la acción de Dios en la vida de los hombres: el temor reverencial que rodeaba a la divinidad aconsejó a los hagiógrafos recurrir a este expediente, en lugar de poner directamente en acción al Señor. No es erróneo, por tanto, ver en estos ángeles –y particularmente en su pregunta a María– a Dios mismo dirigiéndose a ella, estableciendo con ella un diálogo profundo y fecundo.

Mujer, ¿por qué lloras? Es una de las preguntas mayéuticas con las que está tachonada la historia de la salvación, cuya serie se inaugura con el *¿Dónde estás?* de Dios dirigido a Adán en Gn 3,9. Como toda pregunta mayéutica, también ésta tiene como único objetivo hacer nacer la verdad en la persona a la que se dirige. Los ángeles –mensajeros de Dios– conocen bien el motivo del llanto de María, y si la interrogan al respecto es sólo para ayudarla a tomar conciencia de ello y a dar un paso adelante en la fe. En efecto, la respuesta de María revela el estado de ánimo en que se encuentra esta mujer: *Se han llevado a mi Señor y no sé dónde lo han puesto.* El verdadero problema, el obstáculo para la fe de María reside en ese adjetivo posesivo: es *su* Señor quien no está, quien ha desaparecido definitivamente. El Maestro-Salvador que ella –como tantos otros que siguieron a Jesús– se había construido a su propia medida. A los ojos de todos ellos, esa experiencia había fracasado trágicamente al pie de la cruz, en el Calvario; el lugar del escándalo absoluto, en el sentido de la contradicción más plena entre las expectativas que la muchedumbre había alimentado hacia Jesús de Nazaret y el resultado de su vida terrena. María, por tanto, dice una verdad absoluta, afirmando que su Señor ya no está, y esa es la razón de su llanto. Un llanto que le impide ver con claridad la realidad que tiene delante, como si se crearan compuertas que oscurecieran su visión interior.

Observemos una vez más la posición en la que se encuentra María, porque es sumamente importante: está inclinada, mirando hacia el interior del sepulcro, en diálogo con la muerte. Es un diálogo, el suyo, oscurecido por el llanto que le impide ver dentro de la muerte de Jesús y captar su significado; la palabra de los ángeles la ayuda a tomar conciencia de esta realidad y anima el movimiento siguiente, que es el de volver la espalda al sepulcro vacío para mirar hacia fuera. María, al tomar conciencia de la razón de su llanto (es decir, la incomprensión de la misión de Jesús), tiene la fuerza de realizar una revolución de 180 grados, dando la espalda a la muerte y volviéndose hacia la luz que emana del jardín. Sí, un jardín; justo como el del relato primordial del Génesis.

El evangelista nos dice que, habiéndose vuelto, vio a Jesús. Una vez más, la traducción no nos ayuda mucho y debemos recurrir a los verbos griegos para comprender la progresión de sentido expresada por el autor con su elección de palabras. Se dice que María vio a Jesús y se emplea el verbo *theoreo,* que –como hemos dicho– indica una visión que va más allá de la mera percepción sensorial y corresponde a una mirada contemplativa; pero el evangelista añade inmediatamente que María no sabía que estaba ante Jesús. El verbo utilizado, *éidei,* es un pluscuamperfecto del verbo *oida* (conocer) que también se utiliza como pretérito del verbo *orao (*ver). Por tanto, María no sabe porque, de hecho, no *ha visto con la visión interior,* podríamos decir con la visión de la fe; sin los ojos de la fe, no puede ver que lo que está ante ella es Jesús resucitado y vivo, porque sigue apegada a su visión del Maestro. Y, de hecho, Jesús le hace la misma pregunta que los ángeles, que es de nuevo una pregunta mayéutica, que sirve para hacer progresar a la mujer en la conciencia de su propia realidad. *Mujer, ¿por qué lloras?* Pero, Jesús va más allá y añade: *¿A quién buscas?* El discurso se hace más personal, se refiere a las razones del seguimiento; no podemos, en efecto, dejar de ver en él una referencia a Jn 1,38, ya que es la misma pregunta que Jesús hace a los primeros discípulos, después de que Juan Bautista le haya declarado el Cordero de Dios. Jesús invita también a María a "venir y ver"; la invita a atravesar la dimensión de la humanidad para contemplarlo vivo y glorioso en la fe.

María se esfuerza por comprenderle y termina confundiéndole con otro: no le reconoce. Su visión es todavía demasiado humana y está todavía demasiado apegada a su Jesús para poder cruzar el umbral de eternidad que se abre ante ella. Y he aquí la mirada con la que el Resucitado la traspasa y abre de par en par las puertas de su corazón, abriéndole el camino con la pronunciación de su propio nombre: ¡*María!* ¡Seguro que cada uno de nosotros ha experimentado cuán infinitamente más dulce y especial resulta el propio nombre pronunciado por un ser querido! María siente vibrar en lo más profundo de sí la presencia del amado, que irrumpe en su vida cotidiana –indicada por la forma habitual en que él se dirigía a ella– y la transforma en algo totalmente nuevo. Es ciertamente Jesús quien está ante ella: ¡pero nada es igual que antes! Esas dos sílabas en la boca del Resucitado son tan antiguas y tan nuevas al mismo tiempo. Y la intensa mirada –lo intuimos, aunque no se explicite– con la que Jesús se dirige a ella, ayuda a la mujer a superar toda duda y vacilación: ¡es Él!

La respuesta de María indica la plena comprensión y realización del camino que Jesús le hace emprender; se sitúa, de hecho, en el plano de la fe. Le llama Maestro, *Rabbuni*, aceptando convertirse en su discípula en la novedad de aquella situación. También aquí la palabra empleada por María es habitual –ese era, de hecho, el título con el que ella solía llamar al Maestro–, pero el significado adquiere los rasgos de una novedad absoluta. María, como verdadera discípula del Maestro, pasó por la muerte, la saboreó y se dejó conducir al conocimiento-visión de la vida nueva de Cristo resucitado.

Su vida cambió por completo después de aquel encuentro hecho de miradas profundas y de pocas, pero significativas palabras. La discontinuidad respecto al antes se aprecia en la orden de Jesús: *No me retengas*. Como si dijera: María, no te dejes retener más por tu propia imagen de mí, por "tu" Señor. Tengo una misión que cumplir, no soy un Dios para tu uso y consumo. ¡He aquí el salto de fe que Jesús nos invita a dar!

María demuestra que acepta esta petición del Señor, disponiéndose a poner en práctica lo que Jesús le pide, que consiste en ser testigo de este encuentro de fe para con los que aún viven en el miedo y la ignorancia (entendida como no-visión y, por tanto, no-conocimiento). Esto es lo que sucede en las últimas líneas de nuestro pasaje. María Magdalena corrió a anunciar que *había visto* –con toda la fuerza de esta experiencia, sobre la que hemos reflexionado– al Señor. Corrió a anunciar: *angello* es el verbo griego del que deriva la palabra *ángelos*. María Magdalena, pasando del llanto de la muerte a la alegría de la resurrección, se convierte en el ángel del Resucitado y anuncia –con la vida antes que con las palabras– la belleza del encuentro con el Maestro; el único capaz de recrear al hombre a una vida nueva con su mirada de amor y misericordia.

CONCLUSIÓN

Nuestro viaje por las narraciones bíblicas nos ha conducido hacia una contemplación profunda de la esencia misma de la mirada divina. Hemos recorrido juntos las páginas de la Escritura en un precioso itinerario que nos ha llevado desde la creación del mundo hasta el corazón del Nuevo Testamento, donde la mirada de Dios, encarnada en Jesús, se hace encuentro, diálogo y, sobre todo, transformación.

A través de las múltiples y polifacéticas vivencias humanas, hemos ido descubriendo que la redención de Dios no acecha en la condena, sino en el reconocimiento de la culpa; no en el castigo, sino en la misericordiosa oportunidad de un nuevo comienzo. Es un viaje que nos ha mostrado cómo la verdad se revela no en la imposición, sino en la amable invitación a reconocer el error y redescubrir el camino hacia la luz.

En estas páginas hemos visto cómo el silencio puede ser más ensordecedor que una acusación, cómo la relación con lo divino puede quedar paralizada no por la distancia, sino por la indiferencia. Sin embargo, la Escritura nos enseña que, incluso en el silencio más profundo, la mirada de Dios sigue buscándonos, llamándonos, queriendo que participemos en su obra salvadora.

La conclusión de este viaje no es un punto final, sino un punto de partida: una invitación a vivir con la mirada hacia arriba, a buscar la verdad que nos hace libres, a cultivar la fe que, incluso en las tormentas de la vida, nos permite ver más allá de la superficie de las aguas turbulentas.

Es una invitación a dejar que la mirada de Dios transforme la nuestra, para convertirnos en espejos de esa misma luz que iluminó a los profetas, que calentó el corazón de los discípulos, que sigue guiando los pasos de quienes buscan el rostro del Señor.

Este camino nos ha llevado a redescubrir la verdad eterna de que la mirada de Dios está siempre sobre nosotros, invitándonos a una transformación que es, ante todo, un regreso a casa, al corazón del Padre, donde cada mirada es acogida, cada palabra es don, cada silencio está lleno de presencia.

Títulos recomendados

Colección: Caminos

ISBN: 978-84-330-3269-0

Páginas: 248

Encuadernación: Rústica

Formato: 14 x 21 cm

Edición: 1ª

Philip Sheldrake

Un mundo transfigurado

El viaje místico

Colección: A los cuatro vientos

ISBN: 978-84-330-3279-9

Páginas: 128

Encuadernación: Rústica con solapas

Formato: 15 x 21 cm

Edición: 1ª

José Carte

Meister Eckhart

El libro del Consuelo y Conforte Divino

Biblioteca Manual Desclée

Director de la colección Juan Antonio Estrada

Últimos títulos publicados

60. FUNDAMENTALISMO BÍBLICO, por Felipe Fernández Ramos
61. INTRODUCCIÓN AL ANTIGUO TESTAMENTO, por Thomas Römer, Jean-Daniel Macchi y Chistophe Nihan (Eds.)
62. LA BIBLIA. Introducciones y meditaciones de Anselm Grün, por Anselm Grün
63. LOS DIEZ MANDAMIENTOS. Entre el precepto y la sabiduría. Conversaciones con Richard Schneider, por Eugen Drewermann
64. PARA LEER LOS PADRES DE LA IGLESIA. Nueva edición revisada y aumentada por Guillaume Bady, por Adalbert-G. Hamman
65. EL TALMUD Y LOS ORÍGENES JUDÍOS DEL CRISTIANISMO. Jesús, Pablo y los judeo-cristianos en la literatura talmúdica, por Dan Jaffé
66. EL EVANGELIO Y LAS CARTAS DE JUAN, por Raymond E. Brown (2ª ed.)
67. TOLERANCIA CERO. La cruzada de Benedicto XVI contra la pederastia en la Iglesia, por Juan Rubio Fernández
68. UNA NUEVA OPORTUNIDAD PARA EL EVANGELIO. Hacia una pastoral de engendramiento, por Philippe Bacq y Christoph Theobald
69. LA ESPIRITUALIDAD CONYUGAL SEGÚN JUAN PABLO II. por Yves Semen
70. EL APOCALIPSIS DE LA IGLESIA. Cartas a las comunidades, por R. Pérez Márquez
71. DE LA SALVACIÓN A UN PROYECTO DE SENTIDO. Por una cristología actual, por Juan Antonio Estrada
72. LA CONVERSIÓN DE AURELIO AGUSTÍN. El proceso interior en sus *Confesiones*, por Romano Guardini
73. ORACIÓN Y EXPERIENCIA DE DIOS. Pedagogía Teresiana, por Félix Azurmendi
74. CREER EN EL DIOS QUE VIENE I De la creencia a la fe crítica, por J. Moingt
75. EL ENIGMA DE LA BELLEZA. Ensayos estéticos, por Alfonso López Quintás
76. LA RESPONSABILIDAD ÉTICA EN EL MINISTERIO SACERDOTAL. El arte de servir, por Roberto Noriega, OSA
77. LA MISERICORDIA, LOS POBRES Y EL REINO DE DIOS, por J. M. Andueza Soteras
78. EL AMOR EN LA FAMILIA SEGÚN JUAN PABLO II, por Yves Semen
79. EL PAPA FRANCISCO. El legado del Vaticano II, por Eduardo J. Echeverria
80. SOBRE SAN AGUSTÍN. Un enfoque renovado y vivificador del pensamiento agustiniano, por Rowan Williams
81. LA BELLEZA DE LA FE. Romano Guardini, en su plenitud, por A. López Quintás
82. EL ESCÁNDALO DE LOS ESCÁNDALOS. La historia secreta del cristianismo, por Manfred Lütz
83. LOS EJERCICIOS DE IGNACIO DE LOYOLA. Vigencia y límites de su espiritualidad, por Juan Antonio Estrada
84. FILOSOFÍA VIVA. Una iniciación a la vida filosófica, por Alejandro Moreno Lax
85. NEWMAN. El corazón de la santidad, por Roderick Strange
86. JESÚS Y LA IGLESIA. Del proyecto mesiánico a la religión cristiana, por J. A. Estrada
87. CUANDO LA IGLESIA ERA DEMOCRÁTICA, por Rafael Pardo Fernández
88. SUEÑOS Y TRAVESÍAS. Claves e itinerarios para una mistagogía con jóvenes, por Santiago García Mourelo
89. ORANDO CON SAN MARCOS. Lectio Divina, por Antonio Rodríguez Carmona
90. TRES MUJERES JUDÍAS REPIENSAN A DIOS. Edith Stein, Simone Weil y Etty Hillesum, por Carlos Domínguez Morano
91. UNA MIRADA QUE TRANSFORMA. Itinerarios bíblicos, por Francesco Cocco